Peter Michael Wocke

Eine Chance

wie eins zu einer Million

ein Kurzroman

mit Zeichnungen von Christine Fulsche

geschrieben zum siebzigsten Jahr
nach Ende des Zweiten Weltkriegs

Inhalt

Ankunft ohne Probleme

Die Hausgeburt des kleinen Karl war routinemäßig verlaufen und er bestätigte dies gleich darauf durch eine gesunde und kräftige Stimme, die bis in den hintersten Winkel der Wohnung drang und allen, die es vielleicht doch noch nicht mitbekommen haben sollten, die freudige Botschaft überbrachte: *„Ich bin jetzt da! Nun sind wir eine Person mehr!"* Die schon etwas ältere Hebamme säuberte alles mit großer Sorgfalt und beruhigte die junge Mutter, indem sie einfühlsam sagte: *„Es wäre schön, wenn jede Geburt so glatt verlaufen würde. Das laute Schreien ist durchaus kein schlechtes Zeichen; es zeigt uns nur, dass der Kleine ohne Fehler zu uns gekommen ist und seine Organe richtig arbeiten."* Dann packte sie das rosafarbene Menschlein vorsichtig ein und legte es sanft in die Arme der Frau, deren Gesicht sich in diesem Moment merklich aufhellte. Dabei gab sie der treuen Hausgehilfin einen kurzen Wink, der besagte, dass nun auch der Vater den Raum betreten könne. Die Eheleute hatten das zuvor so abgesprochen, damit er auf keinen Fall störe, falls es doch irgendwelche Komplikationen geben sollte. Ihm war es auch lieber so, denn er hätte Agnes nicht helfen können, wäre vielleicht eher im Weg gestanden und konnte niemanden leiden sehen – am allerwenigsten seine Frau, die ihm nun einen gesunden Sohn geschenkt hatte. Dieser war gleichsam das Tüpfelchen auf dem „I", das zu einem vollkommenen Familienglück noch gefehlt hatte. Rasch packte Erwin die bereit gestellte Vase mit dem riesigen Frühlingsstrauß und trat gemessenen Schrittes ins Zimmer, wo er ihn neben das Bett stellte, in dem die frisch gebackene Mutter lag. Er strahlte über das ganze

Gesicht und gratulierte seiner Agnes mit einem herzlichen Kuss zu ihrer Tapferkeit und dem großartigen Ergebnis. Dann durfte auch er seinen kleinen Stammhalter einmal in die Arme nehmen; er fühlte sich dabei stolz und über alle Maßen glücklich. Der Menschenwurm schrie sogleich wieder aus Leibeskräften, aber seinen Vater störte das nicht, er hielt ihn vorsichtig, wiegte den winzigen Körper und sprach beruhigend auf das kleine Wesen ein. Als Ingenieur auf dem Automobilsektor war er gewohnt, die Dinge realistisch zu sehen sowie stets Ursache und Wirkung in einen logischen Einklang zu bringen; somit verzettelte er sich auch nicht in Spekulationen, wem aus den beiden Familien, die nun erst richtig miteinander verschmolzen waren, der kleine Schreihals ähnlich sähe und wem eher nicht. Für ihn war es einfach ein wunderschönes Kind mit blauen Augen und einer überaus gesunden Stimme, die hohes Durchsetzungsvermögen verhieß.

Der Zeitpunkt, den sich Karl für seine Ankunft ausgesucht hatte, schien mit dem Frühjahr 1922 gut gewählt, denn die schlimmen Jahre des Ersten Weltkriegs waren vorbei und es hatte sich ein gewisser Aufwind angekündigt – zumindest für diejenigen Bürger, die in gesicherter beruflicher Position standen; das war bei der jungen Familie auf jeden Fall gegeben, denn selbst in den Kriegsjahren war Erwin vom Feldeinsatz verschont geblieben, da er aufgrund seiner Qualifikation in der Motorenfertigung der Stuttgarter Fahrzeugfirma gebraucht wurde, in der er stets gerne arbeitete. Normalerweise war sein Bereich die Entwicklung und Konstruktion, aber in Krisenzeiten ruht bekanntlich jede Investition für die Zukunft.

Agnes kam bald wieder zu Kräften und nach ärztlichem Befund ging es Mutter und Kind so gut, wie man es sich für beide nur wünschen konnte.

Karls Stimme wirkte nun ein wenig gedämpfter, aber der Arzt sprach aus Erfahrung, als er warnte, dass diese in den nächsten Wochen und Monaten bestimmt die Phonzahl von der Geburt wieder einholen und sogar noch gehörig überschreiten werde.

Er sollte Recht behalten, aber Geschrei ist schließlich nicht die einzige Pflicht, der man in den ersten Lebensmonaten nachkommen muss. Fast noch wichtiger sind ein gesegneter Appetit mit dem obligatorischen anschließenden „Bäuerchen" und ein paar Stunden später der Beweis einer biologisch richtig abgelaufenen Verdauung. All dies erfüllte Karl im Bestbereich und schien dabei auch stetig zu wachsen.

Sonnige Kindheit

Die kleine Familie blühte auf. Wenn Erwin nach einem meist zehnstündigen Arbeitstag mit dem Firmenwagen, der ihm seit einem knappen Jahr als eine Art Prämie für seine Leistungen zur Verfügung stand, vor dem Haus parkte, konnte er kaum schnell genug die Treppen bis in den dritten Stock hinaufspringen, um gleich danach die vertraute Atmosphäre in der blitzsauberen Wohnung zu genießen, wo ihn Agnes liebevoll empfing und sogleich interessante Neuigkeiten über die jüngsten Entwicklungsschübe des kleinen Karl zu erzählen hatte. Auch dieser wurde selbstverständlich herzlich begrüßt und kurz darauf war der Geschäftsanzug abgestreift und der glückliche Familienvater lag neben seinem Sohn auf dem Fußboden, wo er sich über jede neue Bewegung sowie jeden Laut des kleinen Krabblers aufrichtig freute und mit ihm spielte, bis sich auf beiden Seiten eine gewisse Müdigkeit einstellte, die den Auftakt für die Zubettgehprozedur des Jüngsten bedeutete. War diese erfolgt, aßen die Eltern zu Abendbrot, wobei sie den Kleinen, dessen leibliche Bedürfnisse zuvor gestillt worden waren, natürlich bei sich im Zimmer behielten. Über das Fernsehprogramm fiel nie ein Wort, was vor allem daran lag, dass es solche Geräte längst noch nicht gab. Als technische Sensation auf diesem Gebiet fand erst 1923 das Radio von Telefunken – ein riesiger polierter Holzkasten auf dem damals neusten Stand, zu dem man noch „Rundfunktruhe" sagte, Einzug ins Wohnzimmer. Beim sonntäglichen Spaziergang – für den Spross eher eine Spazier*fahrt* in dem alten hochrädrigen Kinderwagen, in dem bereits Agnes ihre ersten Lebensmonate verbracht hatte und der von ihrer Mutter sorgfältig für diese Epoche aufgehoben worden war – schob jetzt Agnes selbst mit sichtlicher Freude dieses Ungetüm vor sich her und konnte ihren manchmal sorgenvollen, aber viel öfter stolzen und zufriedenen Blick oft kaum von dem unbeschwerten und sonnigen kleinen Köpfchen abwenden, dem nun auch schon die ersten Haare wuchsen. Das Auto blieb in aller Regel vor dem Haus stehen, denn um den mächtigen Kinderwagen mitzunehmen, hätte es eines der modernen kleinen Lieferfahrzeuge bedurft, wie es der Bäcker seit kurzem besaß. Karl hatte Glück, in den Sommer hinein zu wachsen; so bekam er viel frische Luft und nach einer Fahrt durch das nahe gelegene Wäldchen am Stadtrand war das gemeinsame Essen in dem gepflegten Gartenlokal meist ein schöner Höhepunkt – obwohl Karl davon natürlich noch nicht viel mitbekam, denn er erhielt, sobald er nicht mehr gestillt werden musste, sein Fläschchen, das Agnes zu Hause mit aller Sorgfalt für ihn vorbereitet hatte.

Freilich machte er auch die üblichen Kinderkrank-
heiten durch, bei deren Kurieren sich seine Mutter
oft Stunden lang neben ihn setzte, um ihn zu un-
terhalten und dadurch ein wenig abzulenken.

Bald, jedenfalls viel schneller, als man es eigentlich für möglich gehalten hatte, vollführte Karl seine
ersten Schritte. Man sagt, dass Jungen dafür
durchaus deutlich länger als ein volles Jahr benötigen, aber bei Karl ergab sich das Ausleben dieser

Fähigkeit eher zufällig: Er war auf die während des Neuaufbaus der Betten abgestellten Matratzen geklettert und plötzlich ins Rutschen gekommen, wobei er dann mit den Füßen auf dem Teppich landete; da er seine Bergtour natürlich unbedingt fortsetzen wollte, tapste er bis zur richtigen Stelle, von wo aus er den erneuten Aufstieg wagen wollte. Die Hausgehilfin hatte diese Versuche zuerst bemerkt und Agnes sofort informiert, die vor Begeisterung kaum wusste, was sie sagen sollte.

Von nun an gab es jeden Abend Laufübungen, bei denen ein Elternteil den Kleinen hielt und der andere ihn freundlich aufforderte, herüber zu kommen. Die Distanz betrug zunächst nur einen knappen Meter, damit von beiden Seiten ein Auffangen in jedem Fall noch möglich war. Nach einigen Wochen schienen das Wohnzimmer bereits zu klein und der Teppich zu kurz zu sein, weil Karl immer mehr Schritte fehlerfrei hintereinander schaffte. So wurde der stattlich große Kinderwagen alsbald wieder im Keller der Großmutter verstaut, denn es konnte ja durchaus sein, dass sich in absehbarer Zeit ein Geschwisterchen ankündigen würde. Der Ersatz für das Riesengefährt bestand in einem erheblich kleineren Schiebewagen in gebrochenem Weiß, der so konzipiert war, dass der junge Insasse darin sitzen und die für ihn immer irgendwie faszinierende Umgebung besser zur Kenntnis nehmen konnte.

Mit zunehmender Größe änderten sich auch die Interessen des kleinen Mannes, was der Vater in jeder Beziehung förderte. Beim Sonntagsspaziergang waren jetzt die vielfältigen Tiere, die man in dem lichten Waldstück zu sehen bekam, wichtiger als alles andere; da gab es neben zahlreichen Vögeln flinke Eichhörnchen, einmal eine beige-braune Feldmaus und manchmal einen in der Ferne vorbei hoppelnden Hasen; dazu kamen allerlei Insekten – von der zutraulichen schwarzen Fliege über die filigrane Mücke mit ihrem emsigen Gesumm und die vielen Ameisen, deren Wege sich mit den Augen überhaupt nicht verfolgen ließen, bis zu den Wespen, vor denen Karl einen riesen Respekt hatte. Immer fragte er: *„Was für Tier?"* Man konnte gar nicht sagen, ob die Freude bei ihm oder bei seinen Eltern größer war, wenn er beim nächsten Mal die Bezeichnung noch wusste und diese immer wieder heiter vor sich hin sprach, wenn er glaubte, nochmals ein Wesen dieser Gattung zu bemerken.

Auch abends waren die Beschäftigungen, die Karl begehrte, einem ständigen Wandel unterzogen. Während ihm anfänglich alles gefallen hatte, wenn man damit nur irgendwelche Geräusche erzeugen konnte, schenkte ihm Erwin nun wiederholt kleine Modellautos und führte seinen Nachwuchs behutsam ich die Technik des Automobilbaus ein, da er meinte, Karl sei nun genau im richtigen Alter dafür. Auch hier gab es viele unterschiedliche Typen, die man auseinanderhalten und sich merken musste, was dem Nachwuchsingenieur wirklich alle Mühe und die volle Konzentration abverlangte. Einmal brachte ihm die Großmutter bei ihrem Besuch auch so ein vierrädriges Objekt mit, das allerdings nicht sofort die erwartete Begeisterung auslöste. *„Es passt nicht!"* war der kurze Kommentar des Jungen, der natürlich noch keine Diplomatie kannte und frei heraus sagte, was er empfand. Bei näherem Nachfragen kam dann heraus, was ihm missfiel: *„Auch Personenauto, aber so groß!"* Oma hatte ein sehr schönes Modell erworben, das viele nette Details aufwies, aber in einem größeren Maßstab gebaut war als die anderen Exemplare aus der Spielzeugkiste. Als der Vater diesen Gedankengang durchschaute, war er hellauf begeistert und konnte sich gar nicht genug freuen über die Beobachtungsgabe seines Kindes; diese Freude steckte schließlich auch die Großmutter an und der Nachmittag war gerettet.

Während sich die allgemeinen wirtschaftlichen Umstände im Raum Stuttgart verschlechterten und die

Familie dank der soliden Beschäftigung des Vaters noch wie auf einer Oase der Sicherheit lebte, spürte man an zunächst unwesentlichen, aber leider immer häufiger auftretenden Kleinigkeiten, dass die Zeiten härter zu werden drohten. Anfänglich war in der Firma für Erwin noch nicht viel davon zu spüren; er arbeitete jetzt in der Versuchsabteilung und musste oft bis in die tiefe Nacht hinein an Erprobungen neuer Konzepte teilnehmen, die auch mit zahlreichen Fahrten durch die nähere und weitere Umgebung verbunden waren.

Als wären die ersten fünf Lebensjahre von Karl gleichsam im Eiltempo verstrichen, brachte der Osterhase im nächsten Frühling nicht nur bunte Eier, sondern auch eine Schultüte und eine Schiefertafel, denn der Zeitpunkt der Einschulung lag damals noch im Frühjahr. Für Karl war das Ganze in erster Linie ein spannendes Abenteuer, da er von allen Verwandten nur schöne Dinge über die Schule gehört hatte; außerdem schenkte ihm Agnes ein Buch mit dem Titel „*Die Häschenschule*[1]", das er über alles liebte, denn das Phänomen Schule war dort so hautnah und anschaulich beschrieben, wobei sämtliche Personen Hasen waren, dass man am liebsten gleich mitmachen wollte. Wenn niemand Zeit hatte, Karl die lustigen Verse vorzulesen, konnte er sich Stunden lang die schönen und aussagekräftigen Bilder anschauen und sich mit viel Fantasie in all die dargestellten Situationen hineinträumen. So ging er in Begleitung beider Eltern kurze Zeit später frohgemut in das ehrwürdige

---

[1] „*Die Häschenschule*" ist ein zeitlos schönes Kinderbuch aus dem Jahr 1924 von dem Lehrer *Albert Sixtus* (☼ 1892, † 1960) mit Bildern von *Fritz Koch-Gotha* (☼ 1877, † 1956).

Schulgebäude, wo die Familie von dem alten Lehrer begrüßt wurde, der wohl selbst nicht mehr wusste, wie oft er diesen bedeutsamen Tag schon zelebriert hatte. Er schien sich in seinem Gemüt eine gewisse Kindlichkeit bewahrt zu haben und legte großen Wert darauf, dass seine „Kunden" diesen Tag, den man in der Regel das ganze Leben lang im Gedächtnis behält, in möglichst heiterer und angenehmer Form abspeichern sollten. So versteckte er sich zunächst hinter der großen Tafel und ließ seine Kasperlefigur zu den Kindern sprechen, bis das Gelächter auf dem Höhepunkt war.

Dann erst zeigte er sich selbst und erklärte seinen gespannten Zuhörern nicht etwa, dass nun der so genannte Ernst des Lebens beginne und der Rohrstock sofort tanzen werde, wenn Anlass dazu bestehe, sondern es gelang ihm auf seine seit vielen Jahren erprobte Art, Neugierde auf das Lesen zu wecken – garniert mit dem Versprechen, dass diese neue Welt der Buchstaben in absehbarer Zeit allen Anwesenden offen stehen werde. Die Art seiner Wissensvermittlung unterschied sich von der zu jener Epoche sonst üblichen erheblich: Er schrieb nicht einfach einen neuen Buchstaben an die Tafel und verlangte von den Schülern, diesen nun sauber so oft in eine Zeile zu malen, bis sie voll sei, sondern ihm fiel zu jedem dieser für die Kleinen meist noch völlig unbekannten Schriftzeichen eine kleine Geschichte ein und die dazu passende Zeichnung. So wurde beispielsweise für das „S" eine Schlange an die Tafel gemalt, für das „H" ein Reck, auf dem jemand eifrig turnte, für das „J" ein Spazierstock, um nur einige zu nennen. Der Unterricht wurde sowohl freundlich als auch lustig aufgebaut und ein unbeteiligter Zuschauer wäre sich oft gar nicht sicher gewesen, wer dabei mehr Spaß empfand – die Kinder, für die das alles initiiert wurde, oder der Lehrer selbst, für den der größte Horror die in Bälde anstehende Pensionierung zu sein schien, auf die sich manche Kollegen bereits beim Berufseinstieg freuten.

Damit hatte Karl auch im Bereich der Schule wieder einmal die Glückskarte gezogen, ging jeden Tag gerne dort hin und versuchte, möglichst viel mitzubekommen, was er seiner Mutter nach der Ankunft daheim auch immer sogleich mitteilen musste; oft wunderte er sich darüber, dass diese das meist schon wusste.

Der Lehrer hatte wohl ein Gesuch eingereicht, die zuletzt übernommene Klasse auf jeden Fall noch bis zu deren Abschluss behalten zu dürfen. Da seine Fähigkeiten dem Schulrat längst bekannt waren, hatte der die Weichen für seinen Kollegen richtig gestellt und dieser blieb der Schulgemeinschaft erhalten. Wer ging, war nicht das Lehreroriginal, sondern Karl zusammen mit einigen seiner Freunde, als das Land der bunten Mützen[2] in Form des städtischen Gymnasiums winkte, nachdem die meisten bereits ganz manierlich Rechnen, Lesen und Schreiben gelernt hatten.

Auch dieser neue Wirkungsbereich bereitete Karl weit mehr Vorfreude und Neugierde als Respekt oder gar Angst. Endlich waren die Herausforderungen größer und dank guter Grundlagen und kompetenter abendlicher Hilfe durch den Vater bei gewissen „unlösbaren" Problemen war die Umstellung leicht zu verkraften, wobei sich auch bald die ersten Erfolge einstellten. In der Umgebung sah es dagegen gar nicht mehr so gut aus: Erwin hatte zwar eine gesicherte Position im Autowerk, wurde von seinen Kollegen geachtet und den hochrangigen Persönlichkeiten geschätzt, aber im Lande herrschte Not und vielfach Beschäftigungslosigkeit. Die Familie, in der Karl aufwuchs, gehörte damit zu den privilegierten, zumal Erwin noch immer einen Firmenwagen gestellt bekam, den er sogar privat nutzen durfte. Der Preis war allerdings hoch: Er musste sechs Tage in der Woche wirklich sein Bestes geben – zunächst am Reißbrett die meist in der Badewanne erdachten Ideen zeichnerisch um-

---

[2] In dieser Zeit waren an den höheren Schulen *Schülermützen* üblich, die in jeder Klasse eine andere Farbe trugen.

setzen, dann präsentieren und mathematisch untermauern, wobei der Rechenschieber[3] manchmal direkt heiß zu werden drohte, weil er so oft bewegt wurde und schließlich der Gleitreibung unterlag. Ließen sich keine Gründe mehr finden, warum die Ideen nicht umsetzbar sein sollten, ging es in die Fertigungsabteilung, wo die Dreher, Schweißer und Mechaniker nun das bauen sollten, was im Konstruktionsbüro erdacht worden war. Erwin behandelte diese Kollegen keineswegs von oben herab, sondern war für jeden ernst gemeinten Einwand, den sie aus ihrer Erfahrung schöpfend mit einbrachten, regelrecht dankbar, was er ihnen auch zeigte. So hatte sich schnell ein vertrauensvolles und kollegiales Arbeitsverhältnis entwickelt, das seine Früchte trug, denn jeder einzelne Monteur stand voll und ganz hinter dem aktuellen Projekt und wollte „den Mann von oben" nach Kräften unterstützen. Die spannendste Etappe kam für Erwin dann in der Versuchsphase, wenn die Neuerung „auf Leib und Nieren" getestet werden musste. Als Agnes immer deutlicher zeigte, dass sie mit den meist nächtlichen Versuchsfahrten bei einem oft unkalkulierbaren Verhalten des Fahrzeugs ganz und gar nicht einverstanden war, nahm Erwin diese Bedenken sehr ernst und schlug vor, die im Sommer anstehende längere Testfahrt mit der Familie gemeinsam durchzuführen. Geplant war eine Praxisfahrt mit großen Höhenunterschieden, zu der sich die Schweizer Bergwelt am besten eignete. Erprobt werden musste neben dem neuartigen Kühlsystem vor allem die Standfestigkeit der Maschine sowie der Bremsen. Agnes war nicht au-

---

[3] Der *Rechenschieber*, mit dem sich Zahlenrechnungen in guter Näherung ausführen ließen, war früher das Handwerkszeug jedes Ingenieurs.

genblicklich begeistert, weil sie befürchtete, irgendwo in der Wildnis liegen zu bleiben und zu keinem
zivilisierten Ort mehr zu finden. Erst als Erwin sie
beruhigte, indem er die Begleitung durch ein Pan-
nenhilfsfahrzeug in Aussicht stellte, das für eine
solche Versuchsfahrt ohnehin eingeplant war, wil-
ligte sie ein und die Familie sah den nächsten
Sommerferien mit Vorfreude entgegen. Karl war
mittlerweile über dreizehn Jahre alt und ließ sich
vom Vater ständig über alle Probleme und noch
„zu knackenden Nüsse" aufklären, wobei es ihn
stets wurmte, dass immer Erwin es war, der ein
paar Tage später doch eine Lösung gefunden hatte, und niemals er.

Urlaubsfahrt mit Arbeitspensum

Die Vorbereitungen für die abenteuerliche Fahrt in die Schweizer Alpen liefen auf Hochtouren – einerseits in Erwins Versuchsabteilung, aber in etwas anderer Form ebenso daheim. Karl war richtig begeistert und kannte die zu erprobenden Details kaum weniger gut als sein Vater. Dieser bekam für die Reise einen nagelneuen Prototyp des Kompressorwagens 540 K[4] gestellt, in den alles eingebaut worden war, über das noch Unklarheit in puncto Belastbarkeit und Langlebigkeit bestand. Die Fahrt in diesem hoch repräsentativen Vehikel gestaltete sich für Agnes allerdings nicht so ganz, wie sie es sich erträumt hatte, denn immer wieder musste Vater anhalten, seine Messungen durchführen und die Ergebnisse mit säuberlicher Schrift in dicke Kladden eintragen, die er bei der Konzepterstellung in wochenlanger Arbeit vorbereitet hatte. Er war manchmal kaum ansprechbar und dann wieder aus unerfindlichen Gründen erfreut, wenn die hohen Erwartungen eingehalten wurden. Karl fieberte anfangs noch eifrig mit, dann empfand er nur noch tiefe Bewunderung für seinen Vater, den er zum ersten Mal hautnah während seiner spannenden Arbeit beobachten konnte. Ob er es wohl schaffen würde, auch einmal Maschinenbau zu studieren und eine ähnlich interessante Arbeit ausführen zu können?

---

[4] Der *Mercedes 540 K* (1936 – 1939) war ein Spitzensportwagen mit einem 8-Zylinder-Reihenmotor, der 5401 cm^3 Hubraum aufwies und bis zu 180 PS leistete.
Das „K" stand für *„Kompressor"*, der durch Vorverdichtung der Ansaugluft die Leistung kurzzeitig von 115 auf 180 PS steigern konnte.

Als nach gelungener Fahrt durch die beschauliche und teilweise sogar atemberaubend schöne Landschaft das Ziel erreicht und das Hotel bezogen war, schraubte Erwin schon wieder am Wagen und kam bei einsetzender Dämmerung in bester Stimmung an den Abendbrottisch. Agnes sagte nur dezent: *„Wasch' dir sofort einmal die Hände, aber bitte gründlich!"* Das hatte er in seiner Zufriedenheit ganz und gar vergessen. Karl fühlte sich an die vielen Situationen erinnert, wenn er vom Fußball-spiel nach Hause gekommen war und seine Mutter sich – für ihn vollkommen unverständlich – in erster Linie für die Sauberkeit seiner Hände und dann erst dafür interessierte, wie viele Tore er geschossen beziehungsweise wie viele Bälle er gehalten hatte.

Im Hotel wunderte man sich, wo eigentlich der Chauffeur dieser offenbar sehr wohlhabenden Familie bleibe, denn der Wagen bedeutete getreu dem Motto „Kleider machen Leute", das im übertragenen Sinn auch auf andere Statussymbole zutrifft, ein Indiz für horrenden Reichtum.

Am nächsten Tag eröffnete Vater, dass sie die Gebirgsstrecke vom Vortag noch einmal fahren müssten, und zwar jetzt mit erhöhter Geschwindigkeit, da geklärt werden müsse, wie der Wagen bei den sommerlichen Temperaturen mit den stärkeren Belastungen fertig werde. Diese Prozedur machten Agnes und Karl noch drei weitere Male mit – bei immer noch schnellerer Fahrweise als tags zuvor. Während Karl ständig mitdachte und die Bedenken seiner Mutter überhaupt nicht nachvollziehen konnte, da er der festen Überzeugung war, dass ein Unfall vollkommen ausgeschlossen sei, solange sein Vater am Steuer sitze, weigerte sich Agnes am sechsten Tag, diese Strecke schon wieder mitzufahren. Am liebsten wäre es ihr gewesen, auch Erwin hätte sich mit den bisherigen Versuchsergebnissen zufrieden gegeben und würde in seinen Kladden endlich eintragen, dass alles bestens funktioniere, aber sie kannte ihren Mann und wusste, dass dieser eine Sache immer erst dann ruhen ließ, wenn aus jeder einzelnen Richtung betrachtet, die absolut mögliche Perfektion erreicht war; diese Erkenntnis hatte sich auch schon bis in die obersten Firmenetagen herumgesprochen und deshalb bekam Erwin von dort stets jede Unterstützung für seine Ideen und genoss vollstes Vertrauen – sonst wäre eine Testfahrt mit Familienbegleitung auch gar nicht denkbar gewesen.

So ging Agnes an diesem Tag mit ihrem Jungen durch das kleine Städtchen und schaute sich die Auslagen der Geschäfte an. Für Karl, der in Gedanken immer noch die Testfahrt mitmachte und sich dabei ständig vorstellte, wie hoch das Fernthermometer bei den zügigen Bergauffahrten steigen würde, bestand der Höhepunkt in dem Besuch einer Eisdiele, wo er sich wie im Schlaraffenland vorkam und restlos glücklich war – vorerst. Der eigentliche Tageshöhepunkt wartete dann auf ihn, als der Schaufensterbummel weiter ging, bei dem Agnes leider immer nur Modegeschäfte ansteuerte und oftmals sogar hinein ging, um mit den freundlichen Verkäuferinnen Probleme zu besprechen, für die Karl nun beim besten Willen kein Verständnis oder gar Begeisterung aufbringen konnte. Nach dem Verlassen eines größeren Modehauses kamen die beiden plötzlich an einem Schaufenster vorbei, hinter dem ein langer Zug durch eine Landschaft fuhr, die der Schweizer Alpenwelt liebevoll nachempfunden war. Auf einer geschlungenen Schienenführung kreiste eine Eisenbahn über viele Brücken hinweg durch die grüne Gebirgslandschaft, verschwand plötzlich in einem Tunnel, um kurz danach wieder an einer anderen Stelle aufzutauchen, und brachte damit eine ständige geschäftige Bewegung in das für sich bereits fantastisch naturgetreue plastische Landschaftsbild. Karl konnte sich überhaupt nicht satt sehen; Agnes blieb still neben ihrem Jungen stehen und gab ihm die ganze Geduld zurück, die er zuvor bei den Gesprächen darüber gezeigt hatte, welche Farbkombination zwischen Schuhen und Kostüm wohl am besten passe und überdies gerade angesagt sei. Immer wieder wollte er es noch einmal sehen, wie der Zug aus dem Tunnel herauskam und Wagen für Wagen erneut sichtbar wurde. Er dachte sich förmlich in die Lokomotive hinein und machte in dieser Form die Reise selbst mit. Als er spürte, dass seine Mutter eher woandershin blickte, erwachte in ihm die Rücksicht und er signalisierte ihr, nun genug gesehen zu haben; in Wirklichkeit hätte er bis zum Geschäftsschluss vor dem Schaufenster verweilen können, ohne dass es ihm langweilig geworden wäre. Er hatte daheim auch eine Eisenbahn, aber eine zum Aufziehen, nur mit einem einfachen Schienenkreis und ohne Landschaftskomponenten; sie fuhr zwei- bis dreimal herum und musste dann erneut aufgezogen werden. Die hinter dem Schaufenster wurde bereits elektrisch angetrieben, bekam über die Gleise dauernd Strom und konnte somit unentwegt fahren, ohne gleich langsamer zu werden; außerdem hatte die Lok vorne zwei Scheinwerfer, die ständig leuchteten und die man als erstes sah, wenn der Zug aus dem Tunnel kam. Karl merkte sich den Namen, der groß über dem Geschäft stand – *„Blünschli Modellbau"* – und verließ mit seiner Mutter den Ort – nicht ohne sich immer wieder umzusehen, bis die nächste Ecke die Sicht verdeckte. Bald erkannten sie, dass der Laden nur zwei Straßenecken von dem Hotel entfernt lag, in dem die Familie abgestiegen war. Auf dem Parkplatz arbeitete Vater bereits an dem Testwagen und konnte mit seinen ölverschmierten Händen weder Frau noch Kind begrüßen. Er schraubte unter der geöffneten Motorhaube und schien sehr angespannt zu sein. Agnes flüsterte ihm nur kurz zu, dass er ein Vollbad nehmen solle, bevor er zum Abendessen in den Speisesaal komme. Erwin lächelte freundlich und versprach, mit ganz sauberen Fingernägeln zu erscheinen. Im Moment sorgte er sich jedoch mehr darum, ob das Tageslicht noch so lange halten werde, wie er es für die perfekte Montage brauchen würde, denn am nächsten Tag sollte unter weiter verschärften Testbedingungen die neue Versuchsfahrt ablaufen – und diesmal hoffentlich ohne Überhitzungsprobleme.

Der neue Tag brach an, Erwin schmerzten noch die Finger – einerseits vom festen Anfassen der Werkzeuge, was sonst meist die darin besser geübten Mechaniker besorgten, die im fernen Stuttgart arbeiteten oder selbst mit ihren Familien Ferien machten, aber nicht minder wegen des intensiven Gebrauchs von Bimsstein, Bürste und Nagelreiniger, was am Vorabend erforderlich gewesen war, um unter den strengen Augen seiner Frau am Esstisch willkommen zu sein. Agnes verspürte keine Lust, die Testfahrt als Begleitperson mitzumachen – schon gar nicht, wenn immer im Grenzbereich des Motors gefahren werden musste, der überdies bei Zuschaltung des Kompressors ohrenbetäubend laut wurde, was nicht nur jedem, der zufällig in der Nähe war, großen Respekt einflößte, sondern auch für musikalisch veranlagte Zuhörer ausgesprochen unharmonisch klang. Überraschenderweise war selbst Karl diesmal nicht wild auf die Mitfahrt, obwohl er gleich neben seinem Vater auf dem Beifahrersitz hätte Platz nehmen können. Ihn zog es natürlich wieder zu dem Schaufenster der Firma Blünschli. Er war kein kleines Kind mehr und somit hatte Agnes nichts dagegen, ihn die paar Schritte alleine gehen zu lassen.

Sie genoss indes das reichhaltige Verwöhnprogramm, das das renommierte Schweizer Hotel seinen Gästen bot, und dabei die zwanglose Unterhaltung über Belanglosigkeiten mit anderen Damen oder auch über interessantere Themen, an die beide Seiten zuvor gar nicht gedacht hatten und die sich dann meist einfach im Gespräch ergaben.

So stiefelte Karl nach dem Frühstück in aller Vorfreude los, denn er hatte ja fast unbegrenzt Zeit und brauchte auf seine Mutter, deren Interessenschwerpunkt offenbar mit dem seinen nicht vollkommen identisch war, keine Rücksicht zu nehmen. Schon von weitem erkannte er die grüne Modelllandschaft und der Zug drehte auch wieder unermüdlich seine Runden – auf der Steigung ein wenig langsamer und auf der Gefällstrecke vor der Kurve entsprechend zügiger. Karl konnte es nicht begreifen, dass so viele Leute einfach vorüber gingen, ohne überhaupt einen Blick auf dieses Wunder zu werfen. Er saugte die Eindrücke gleichsam in sich auf, erkannte einen Schritt daneben aus anderer Perspektive wieder neue Einzelheiten, die ihm zuvor entgangen waren, betrat dann erneut die alte Position und sah nochmals weitere Details. Er las in der Miniaturwelt wie ein Kunstsachverständiger in einem Landschaftsbild. Plötzlich trat ein etwa neun oder zehn Jahre altes Mädchen mit langen blonden Zöpfen aus der Ladentür und sagte zu Karl: *„Gell, du warst gestern auch schon da; mit deiner Mutter, stimmt's? Du darfst schon auch einmal von der anderen Seite schau'n. Komm nur rein! Mein Vater hat bestimmt nichts dagegen."*

Die Kleine nahm Karl bei der Hand und führte ihn in den Laden, wo der Besitzer ihn mit einem freundlichen Lächeln begrüßte. Nun sah das Kunstwerk plötzlich ganz anders aus und man hörte das leise Surren der Lokomotive mit dem leicht schabenden und rollenden Geräusch der angehängten Wagen; beides entfernte sich immer wieder etwas, um dann kurz darauf erneut kräftig präsent zu sein. Karl stand jetzt direkt am Geschehen und keine Scheibe trennte ihn mehr von all den Herrlichkeiten. In einer Ecke war ein richtiges Sägewerk mit zahlreichen bereits zugeschnittenen Brettern nachgebaut. Von hoch oben ergoss sich ein kleiner Gebirgsbach aus Stanniolpapier, der zu einem perfekt integrierten Wasserfall führte und sich dann im Wald irgendwie verlief; an einer anderen Stelle sah man ihn wieder, wie er in einen Bergsee mündete, der durch eine Glasscheibe über dunklem Untergrund meisterhaft nachgebildet war und auf dem auch ein brauner Kahn zu schwimmen schien. An einer Felswand kraxelten drei Püppchen – eine Bergsteigergruppe, deren Sicherungsseil tatsächlich zu erkennen war. Karl konnte nur schauen und immer wieder staunen. Er hatte nie zuvor einen solchen Miniaturzug durch eine derart echt wirkende Modelllandschaft fahren sehen – weder in der Großstadt Stuttgart noch irgendwo anders; es war die damals gängige Spur „0" mit 32 Millimetern Schienenabstand. So fragte er das Mädchen, das noch immer neben ihm stand und sich über seine Fassungslosigkeit wohl ein wenig amüsierte, wer denn das alles aufgebaut habe. *„Mein Vater halt – abends oder auch nachts nach Geschäftsschluss; ich bin übrigens die Lilo."* Karl nannte auch seinen Namen und konnte kaum ein Auge von dieser Welt im Kleinen lassen. Nach langem Schauen, über das er die Zeit beinahe vollständig vergaß, bedankte er sich höflich für die Gastfreundlichkeit mit der Sondervorführung und verabschiedete sich von der netten Familie, denn auch die Mutter, die in einem Büro neben dem Verkaufsraum gearbeitet hatte, war inzwischen hinzugekommen. *„Darfst ruhig wieder kommen, wenn dich das alles so freut!"* waren Lilos Worte.

Im Hotel stellte sich heraus, dass jeder in der Familie einen zufriedenen Tag verbracht hatte, wenn auch ohne die anderen: Erwins Hände waren sauber und er erzählte voller Freude, dass die thermischen Probleme nun offenbar gelöst seien, der Motor auf den kurvenreichen Steigungen, auf denen der kühlende Fahrtwind wegen der geringen möglichen Geschwindigkeit quasi ausfalle, nicht mehr überhitze und außerdem seine horrende Leistung entfalten könne. Agnes berichtete angeregt von den zahlreichen interessanten Bekanntschaften, die sie gemacht habe, und Karl schwärmte von seinen Eindrücken aus der Miniaturwelt, wobei er auch von Lilo erzählte.

Erwin wäre am liebsten schnurstracks nach Stuttgart gerast, um seine Kollegen über die neuen Erkenntnisse zu informieren, aber es war schließlich Ferienzeit und man hätte mit ihm noch gar nicht gerechnet. So wollte man den nächsten Tag ein wenig geruhsamer angehen lassen und plante eine gemeinsame Wanderung durch die herrliche Umgebung. *„Deine Lilo kann ja auch mitkommen, sofern ihre Eltern nichts dagegen haben. Sie dürfte doch wie du jetzt Ferien haben."* sagte Agnes in ihrer warmherzigen Unkompliziertheit, mit der sie immer alle kleinen Ungereimtheiten des Alltags in das rechte Lot zu bringen verstand. Lilo kam mit und es wurde ein wunderschöner Ausflug – vorbei an den saftigen Kuhweiden mit dem Glockengeläute ihrer geduldigen Bewohner, durch bewaldete Abschnitte, in denen die dichten Zweige die scharfe Augustsonne abhielten, und mit Einkehr in einem gemütlichen Berggasthof, wo eine frisch zubereitete Milchsuppe serviert wurde, die nach der Anstrengung allen köstlich schmeckte, obwohl diese Art der Verpflegung sonst nie zu Karls Lieblingsgerichte gehörte. Auf dem Rückweg fanden sich ein paar Bergziegen, die große Freude über die salzigen Semmeln zeigten, die von dem reichhaltigen Hotelfrühstück noch im Rucksack lagen; es war ein Genuss, beim Füttern ihre weichen Zungen zu spüren.

Dies blieb nicht die einzige gemeinsame Unternehmung im trauten Familienkreis und Lilo war als gern gesehener Gast immer mit dabei. Natürlich fragte sie bei einem Autoausflug Karl verwundert, warum man ein derart großes Auto habe, und dieser antwortete nicht ohne einen gewissen Stolz: *„Der Wagen gehört der Firma, für die mein Vater arbeitet; er denkt sich aus, wie man solche Autos bauen muss und jetzt stellt er fest, ob alles so gemacht worden ist, wie er es gezeichnet hat."*

Die braune Pest

Selbst die sonnigste Zeit geht einmal zu Ende und so war es auch mit den Ferien und Erwins „Arbeitsurlaub". Nach dem herzlichen Abschied von Familie Blünschli ging es dann unweigerlich wieder in Richtung Norden. Der Vater brannte zwar darauf, die positiven Erkenntnisse in die für 1936 geplante Serienfertigung einbringen zu können, jedoch in der Heimat schien inzwischen die braune Pest richtig ausgebrochen zu sein: Was sich in den letzten drei Jahren noch halbwegs übersehen ließ, drängte sich nun an jeder Ecke auf – marschierende und dabei grölende Horden in lehmbraunen Verkleidungen, die an den grellroten Fahnen vorbeizogen und dabei das schwarze Hakenkreuz auf weißem Untergrund offenbar ehrerbietig grüßten. Vaters Kommentar war: *„Wenn das die Bekämpfung der Arbeitslosigkeit ist, muss man sich fragen, wie es mit der Produktivität bestellt sein kann. Wenigstens scheint dieser österreichische Schreihals dem Automobil gegenüber positiv eingestellt zu sein."*

Auch in Karls Gymnasium schien sich nach der Ferienpause einiges geändert zu haben: Manche Lehrer kamen plötzlich mit Schaftstiefeln in die Klasse und machten dabei eine Geste, als ob sie mit der rechten Hand eine Fliege fangen wollten, obwohl weit und breit keine zu sehen war und auch das Fenster nicht anschließend geöffnet wurde, um diese hinaus zu lassen. Der Umgangston gegenüber den Schülern war schmetternder und zeigte überhaupt keine Ähnlichkeit mehr mit dem spielerisch lustigen Klang aus der Volksschulzeit. Bei den Aufgaben in Physik hieß es nun nicht mehr: *„Susanne wirft unter 45 Grad einen Schnee-*

ball zum Balkon, auf dem ihre Freundin Angelika steht. Kann diese den Ball noch fangen, wenn der Balkon im ersten Stock vier Meter über dem Boden angebracht ist und die 1,5 Meter große Susanne, die dem Ball eine Anfangsgeschwindigkeit von neun Metern pro Sekunde geben kann, elf Meter vom Haus entfernt steht?" Die „moderne" Aufgabenstellung lautete nun: *„Ein Panzer unserer wieder erstarkten deutschen Wehrmacht richtet sein Geschütz genau im schrägen Winkel nach oben. Kann er das 600 m entfernte feindliche Ziel im indirekten Schuss erreichen?"* Angaben über Feuerkraft, Geschossmasse und Panzerrohr fanden sich in den Fußnoten.

Karl nahm die Änderungen hin, versuchte, seine gelernten Formeln richtig umzustellen und ein „sinnvolles" Ergebnis auszurechnen. Von Monat zu Monat stieg der Druck, er solle doch endlich HJ[5]-Mitglied werden und *„die vielen interessanten Gruppenspiele mitmachen, an denen seine Kameraden auch jedes Mal ihre Freude haben"*. Die Eltern wollten davon nichts wissen und Erwin meinte: *„Solange man das vermeiden kann, wollen wir es auch tun. Über unsere Gespräche hier zu Hause sagst du aber bitte kein Wort in der Schule!"* So verstrich die Zeit in der zweiten Hälfte der Dreißigerjahre, die leider immer unangenehmer zu werden schien. Im Autowerk gab es genug zu tun und manche ausschließlich fachlich orientierten Kollegen waren voll des Lobes über die Regierung, der

---

[5] Die „HJ" (**H**itler**j**ugend) war eine staatliche Organisation zur Kriegsertüchtigung, die als große gemeinschaftliche Freizeitaktivität kaschiert wurde und deren Mitgliedschaft anfangs noch freiwillig war.
Man kann die HJ als Vorläufer der FDJ (**F**reie **D**eutsche **J**ugend) der späteren DDR betrachten.

es zu verdanken sei, dass man „*nun mit großzügiger staatlicher Förderung das Silberpfeilprogramm*[6] *vorantreiben und damit für das deutsche Vaterland Rennsiege einfahren*" könne. Auch Erwin wurde für dieses Projekt abgezogen und hatte von da an Rennmotoren zu entwickeln. Sicher bedeutete das technisch eine neue Herausforderung, aber man konnte den Sinn vernünftigerweise nur darin sehen, unter Extremanforderungen Technologien zu erproben, die dann später dem Bau komfortabler und langlebiger Alltags- sowie Luxusautos zugutekommen konnten.

[6] Die legendären „*Silberpfeile*" (1934 – 1939) waren deutsche Grand-Prix-Rennwagen und wurden von Mercedes-Benz und Auto Union hergestellt.
1932 sprach ein Reporter zum ersten Mal von einem „*silbernen Pfeil*" und meinte den Mercedes SSKL mit unlackierter Verkleidung aus Aluminium.

Unfassbar

Der Arbeitsdruck in der Firma war enorm. Die Mercedes Silberpfeile hatten laut Anforderung vom *„Führer[7]"* immer schneller zu werden, weil die Autorennen längst nicht mehr der Erprobung von neuen Technologien für den Serienbau dienten, sondern den nationalen Größenwahn nach außen hin verkörpern mussten, nach dem die deutschen Wagen „selbstverständlich" zu siegen hatten – koste es, was es wolle. Es sollte damit zum Ausdruck gebracht werden, dass die Deutschen allen anderen Völkern in technologischer und sportlicher Hinsicht haushoch überlegen seien – eine der Vorstufen des Zweiten Weltkriegs[8]. Aus dieser Einstellung resultierten auch die schier unbegrenzten staatlichen Fördergelder für die Automobilhersteller.

Die Versuchsfahrten mussten gleichsam ständig erfolgen und der Leistungsdruck stieg fast bis ins Unermessliche. Agnes war es gar nicht recht, dass ihr Erwin nicht nur immer seltener seine Abende zu Hause verbrachte, sondern auch diese hochgefährlichen Fahrten unternehmen musste, bei denen die Sicherheitsvorkehrungen meist sträflich vernachlässigt wurden, weil man dafür einfach *„keine Zeit"* hatte. Er war zwar kein Rennfahrer, sondern erfahrener Versuchsingenieur und als solcher sicher unbewusst geschickt, aber die physika-

---

[7] Adolf Hitler (1889 – 1945), der Deutschland von 1933 bis 1945 als Diktator regierte, ließ sich stets mit *„mein Führer"* anreden.

[8] Der verheerende Zweite Weltkrieg (1939 – 1945) forderte einschließlich der Verfolgungsopfer über 71 Millionen Tote.

lischen Gesetze konnte auch er nicht auf den Kopf stellen. Insgeheim trauerte Erwin den schönen Zeiten nach, als sich sein Verantwortungsbereich noch nicht in den Rennsport verlagert hatte. Praktische Versuche mochte er zwar, weil man dabei sehr selbständig arbeiten und schnell sehen konnte, ob die zuvor ausgedachten Entwicklungen die Hoffnungen erfüllten, die man in sie gesetzt hatte, extremer Druck von außen ist jedoch für den Forscher eher Gift als Motivation.

An jenem Dienstag verließ Erwin morgens mit leichten Bedenken angesichts des hohen Tagespensums die Wohnung und bestieg seinen Firmenwagen. Am späteren Vormittag erreichte Agnes der Anruf, der alles verändern und jede Hoffnung zunichtemachen sollte: Ein Kollege meldete in fast militärischer Nüchternheit, dass ihr Mann einen Unfall erlitten habe, bereits ärztlich versorgt werde und zurzeit keinen Besuch empfangen könne. Zwei Stunden später – Karl war gerade aus der Schule gekommen – kam ein neuer Anruf, bei dem ihr in ähnlichem Ton mitgeteilt wurde, dass Erwin seinen Verletzungen erlegen sei. Agnes nahm ihren Sohn in die Arme und dieser verstand auch ohne Worte, was geschehen sein musste. Den halben Nachmittag kuschelten sich die beiden aneinander, bis die Augen keine Tränen mehr hergaben. Die Stütze, der feste Baum der Familie, bestand nicht mehr und die zur Witwe gewordene junge Frau konnte sich keine Zukunft ohne ihren Erwin vorstellen, der für Karl auch kein besserer Vater hätte sein können.
Die Firma zeigte sich großzügig, schickte einen sehr üppigen Strauß weißer Chrysanthemen und spendete für die eine Woche später stattfindende

Beerdigung einen stattlichen Kranz. Dazu kam eine Laudatio für die Verdienste um den technischen Fortschritt, den daraus resultierenden raschen Aufstieg in der Firma und den kämpferischen Mut bei den wichtigen Versuchsfahrten. Erwin sei auf seine Weise zum Helden des Vaterlandes geworden, weil er durch die emsige Arbeit im Verborgenen ebenso zu den nationalen Rennsiegen beigetragen habe wie die großartigen Fahrer, die man regelmäßig in den Wochenschauen bewundern könne.

Agnes und Karl standen wie versteinert dabei und hatten kaum die Kraft, all die Beileidsbekundungen in Empfang zu nehmen. Manche klangen beinahe, als ob die Hinterbliebenen stolz darauf sein könnten, den Vater auf so *„ehrenhafte"* Weise verloren zu haben. Agnes wünschte sich in diesen Minuten so stark wie nie zuvor, Erwin wäre ein unbedeutender Buchhalter oder Montagearbeiter geworden – mit einem kleinen Gehalt und pünktlichem Feierabend ohne Sondereinsätze. Auch dieser Vormittag war irgendwann um und daheim wartete die trostlose Leere, aus der es unmöglich war, neue Kraft für den so genannten Blick nach vorne aufzubauen.

Materiell ging es der Familie – das heißt dem, was davon noch übrig geblieben war – dank Erwins Vorsorge immer noch gut. So konnten Mutter und Sohn die schöne komfortable Wohnung behalten, sich weiterhin ihre treue Haushaltshilfe leisten und von daher in eine gesicherte Zukunft blicken – sofern von so etwas angesichts der politischen Entwicklungen überhaupt noch zu sprechen war.

Karl hatte für die Trauerfeier drei Tage Sonderferien bekommen und auch das Direktorat der Schule drückte seine Anteilnahme aus. Es half alles nichts: Der Alltag musste irgendwie weitergehen.

Die letzten Ferien in Frieden

Man hatte sich so gut wie möglich arrangiert: Karl unterstützte seine Mutter, wo er nur konnte, und Agnes bemühte sich, soweit es eben ging, für ihren Sohn auch die Rolle des Vaters auszuüben. Karl war ein pflegeleichtes Kind und hatte seinen Eltern nie unnötige Sorgen bereitet; so versuchte er auch jetzt, alle zusätzlichen Probleme von Agnes fernzuhalten. Er stand in regelmäßigem Briefwechsel mit Lilo und es war immer eine Freude, wenn sich im Postkasten ein Brief mit Schweizer Marke und der vertrauten zierlichen Handschrift fand.

Man schrieb das Jahr 1939 und ähnlich wie beim Gleichgewicht in der Natur, das sich auch nach Katastrophen meist immer irgendwie wieder neu einstellt, hatte sich eine Form des Alltags herausgebildet, mit der ein Leben möglich wurde. Karl war ein guter sowie interessierter Schüler und Agnes wollte ihm in den Ferien ein wenig Abwechslung bieten. So schlug sie vor, wieder einmal in die Schweiz zu fahren und die Erinnerungen an drei wunderbar harmonische Wochen aus glücklichen Tagen aufzufrischen. Statt des repräsentativen viersitzigen Cabriolets mit stolzen 180 PS musste diesmal die schlichte Eisenbahn als Verkehrsmittel dienen. Mutter und Sohn empfanden beim Einstieg mit der Wanderausrüstung im Gepäck zum ersten Mal wieder eine bescheidene Portion Glück.

Am Zielbahnhof in der Schweiz erwartete sie Lilo, die sich mittlerweile zu einer jungen Dame entwickelt hatte: Ihre langen Zöpfe waren einer Frisur zum Opfer gefallen, wie man sie mittlerweile des Öfteren in den Modezeitschriften finden konnte; diese passte gut zur Trägerin, war aber doch sehr gewöhnungsbedürftig, wenn man das frühere Aussehen in Erinnerung hatte. In ihrem bunten Dirndlkleid bezauberte sie jeden, der sie anblickte, und besonders Karl musste immer wieder hinsehen. In den nächsten Tagen unternahm man mehrere schöne Ausflüge, an denen sich einmal auch Lilos Eltern beteiligten, die immer wieder neue Ideen zur Erkundung der faszinierend schönen Schweizer Bergwelt hatten. Agnes und Karl waren diesmal in einer sauberen kleinen Pension abgestiegen, denn das große Hotel hätte doch etwas zu stark zu Buche geschlagen. Einmal geriet Karl in helle Aufregung, als er einen tadellos gepflegten Mercedes 540 K majestätisch um die Ecke biegen sah; am Steuer saß ein Chauffeur mit Mütze und unauffällig grauem Anzug, während die Herrschaften von hinten offenbar genussvoll die Umgebung auf sich wirken ließen. Als der Fahrer am Ortsausgang beschleunigte, hörte man den noch tief im Ohr sitzenden Kompressorklang und Karl wäre am liebsten hinzu gesprungen und hätte erklärt, welcher Mühe es damals bedurft habe, dieses kraftvolle und geschmeidige Hochziehen des tonnenschweren Fahrzeugs so gleichmäßig hinzubekommen. Agnes kamen wieder die Tränen, als sie das Geräusch hörte und sah, wie sehnsüchtig ihr Sohn diesem Wunder an Ingenieurskunst hinterher blickte.

Natürlich interessierte sich Karl auch immer noch für die Eisenbahn in Blünschlis Schaufenster; er führte manchmal lange Gespräche mit dem Inhaber, der über die technischen Ideen des Unterprimaners[9] staunte. So schlug Karl vor, den Zug an der naturgetreu und detailliert ausgestalteten Bahnstation tatsächlich anhalten und kurz darauf wieder selbständig losfahren zu lassen. Lilos Vater fand diesen Effekt auch gut, konnte sich aber nicht

---

[9] Als „*Unterprimaner*" bezeichnete man seinerzeit einen Schüler der achten Gymnasialklasse.

vorstellen, wie so etwas zu realisieren sei; er war hauptsächlich der Modellbauer, der mit schier unendlicher Liebe und Geduld Naturszenen nachahmen und kunstvoll platzieren konnte. Karls Bewusstsein war durch die vielen Funktionsspiele, die sein Vater ihm immer geschenkt hatte und die meist längst nicht gleich so arbeiteten, wie sie es sollten, in technischer Richtung geschärft und durch Erwin so angeregt, dass ihm auch fast immer eine Lösung einfiel, sobald er sich entschlossen hatte, einen Ablauf abzuändern – wenn auch oft nur in einer Kleinigkeit. Vielleicht war Ingenieurstalent doch vererbbar. Zum automatischen Anhalten und Anfahren des Zuges hatte er sich schon seine Vorstellungen gemacht: Er wollte zusätzlich noch einen Personenzug mit vorgespannter E-Lok auf die Strecke bringen, der beim Überfahren einer bestimmten Gleisstelle für etwa zwei Sekunden einen Kontakt schloss und so ein Relais[10] schaltete, welches im Gleisabschnitt an der Bahnstation den Strom für den dort wartenden Güterzug freigab, so dass dieser anfuhr. Das Überfahren eines anderen Kontakts durch den soeben gestarteten Zug sollte das Relais zurück schalten und den Strom somit für den ankommenden Personenzug sperren. In der nächsten Runde würde dann der Güterzug den Personenzug in Gang setzen und anschließend durch diesen zum Stehen gebracht werden. Die Züge sollten sich gleichsam gegenseitig steuern und keiner könnte auf den anderen auffahren. Karl dachte die Funktionen immer wieder durch und fand schließlich keinen Gedankenfehler mehr. Herr Blünschli wiegte verwundert mit dem Kopf hin und her; in seiner bedächtigen Sprechweise sagte er

---

[10] Ein *„Relais"* ist in der Technik ein elektrisch aktivierter Fernschalter.

nur: „*Und du meinst wirklich, dass das alles so funktioniert? Es kommt auf einen Versuch an; kaputt gehen kann schließlich nichts, denn die Landschaft tastest du ja nicht an.*" Das einzige, was im Weg stand, war der Abreisetermin. Da die Schulferien aber noch andauerten und das Zimmer in der Pension nicht anderweitig gebucht war, ließ sich getrost eine Woche anhängen und so werkelte Karl bis in die tiefe Nacht hinter dem abgedeckten Schaufenster, bis endlich der große Moment der Probefahrt kam. Am aufwendigsten war die Installation der Oberleitung für das Modell der elektrischen Lokomotive; diese konnte zwar auch über die Schiene mit Energie versorgt werden, aber es sieht auf einer Eisenbahnanlage immer dumm aus, wenn eine E-Lok mit niedergedrücktem Stromabnehmer einfach fährt, ohne wenigstens scheinbar Kontakt zu ihrer Energiequelle zu haben. Das Anhalten und selbständige Losfahren wäre natürlich auch mit zwei Dampfzügen möglich gewesen, aber die Szenerie wirkte einfach noch abwechslungsreicher mit einer modernen elektrischen Lokomotive. Der geplante und unzählige Male durchdachte Mechanismus funktionierte auf Anhieb, aber Karl war nicht ganz zufrieden, denn die Züge hielten ziemlich abrupt, sobald sie in den stromlosen Abschnitt einfuhren; entsprechend ruckartig fuhren sie an, sobald das Relais den Strom wieder einschaltete. Beides wirkte unnatürlich. Sofort entwickelte Karl auch hierfür einen Plan, durch den die Übergänge weicher erfolgen konnten: Vor dem Haltebereich musste noch ein weiterer Abschnitt vorgesehen werden, der gleichsam „halb" mit Strom versorgt wurde; mit dieser reduzierten Spannung würde auch die Haltezone beim Anfahrvorgang beschaltet werden. Man konnte über elektrische Widerstände die Fahrspannung verringern; würden diese teilweisen Stromdurchlasser in Form von Glühlämpchen ausgeführt, hätte man noch den willkommenen Effekt, dass diese zuerst heiß werden mussten, wodurch Brems- und Anfahrvorgang noch geschmeidiger abliefen. Die erforderlichen Materialien ließen sich rasch beschaffen und zwei Tage – oder besser Nächte – später war alles montiert und das letzte Kabelende vom Fußboden gefegt. Nun sah es wirklich so aus, als ob in jedem Zug ein Führer saß, der ganz naturgetreu abbremste und später wieder entsprechend Dampf beziehungsweise Strom gab. Bei dem Begriff *„Führer"* überfiel Karl unbewusst eine Gänsehaut…

Das Ehepaar Blünschli war begeistert; auch Lilo konnte diese Zauberei kaum fassen. Der Geschäftsmann sagte: *„So einen wie dich könnte ich in meinem Laden tatsächlich gut gebrauchen. Hättest du nicht Lust?"* Karl freute sich mit und dankte für das entgegengebrachte Vertrauen. Hätte er dieses Angebot beim Schopf gepackt, wären ihm später große Probleme erspart geblieben, aber das konnte er natürlich in dem Moment nicht ahnen. Seine Pläne sahen zunächst in Stuttgart das Abitur vor und dann ein Studium in Maschinenbau an der TH[11].

Nun lief im Schaufenster ein regelrechter kleiner Zugbetrieb ab und manchmal stand eine wahre Menschentraube davor, denn so etwas kannten die Leute in dem Städtchen bislang noch nicht. Da die Zeit der Reizüberflutungen noch nicht angebrochen war, reagierten die Betrachter auf alles, für das sich nicht sofort eine logische Erklärung anbot, mit großem Staunen.

---

[11] *„TH"* (**T**echnische **H**ochschule) ist die frühere Bezeichnung für die heutige Technische Universität.

Schließlich kam doch der Tag der Abreise und konnte nicht weiter hinausgeschoben werden. Der Abschied am Bahnhof war allerseits innig freundschaftlich und herzlich. Agnes und ihr Sohn nahmen sich vor, im nächsten Sommer ganz bestimmt wieder dasselbe Reiseziel zu wählen. Als Dank für die erfolgreiche Entwicklungs- und Montagearbeit erhielt Karl eine original verpackte elektrische Lokomotive, zu der ihm daheim nur noch eine Kleinigkeit fehlte: die Anlage, auf der sie hätte fahren können. So musste das schöne Stück zunächst seinen Platz in der Glasvitrine des Wohnzimmers finden.

Daheim wenig Erfreuliches

Die Eindrücke zuhause waren noch brauner, als man sie in den dunkelsten Erinnerungen mit sich trug. In manchen Schulen wurden Schüler, die noch immer nicht der Hitlerjugend beigetreten waren, bereits von gemeinsamen Aktivitäten ausgeschlossen und geradezu an den Pranger gestellt. Dies hing natürlich sehr von der Einstellung sowie der Toleranz der Lehrerschaft und vor allem der Schulleitung ab. Karl hatte noch immer Glück und genoss als stiller und fleißiger Schüler die eine oder andere Sympathie auf Seiten der Studienräte, so dass man ihn nicht diskriminierte – vielleicht noch nicht. Dann kam der Tag, an dem in den Volksempfängern[12] die Meldung zu hören war: *„Seit 5⁴⁵ Uhr wird jetzt zurück geschossen.“* Man schrieb den ersten September 1939. Mit dem Überfall auf Polen hatte der Zweite Weltkrieg begonnen und Deutschland befand sich somit im Krieg, der selbstverständlich als reine lebensnotwendige Verteidigungsaktion propagiert wurde. In diesem Punkt lief die Strategie kein bisschen anders ab als heute. Zunächst ging noch alles seinen normalen Gang. Von Versorgungsengpässen war nichts zu spüren und Angriffe seitens des durch die Attacke überrumpelten Volkes waren auch nicht zu befürchten. Die Propaganda sorgte dafür, dass täglich neue Siegesmeldungen einflossen und über die vielen tausend Lautsprecher in die Privathaushalte posaunt wurden. Wollte man noch genauer wissen, was die „Helden“ der Wehrmacht

---

[12] Der *„Volksempfänger“* war ein staatlich subventioniertes Radiogerät, das in jedem Haushalt stehen sollte, damit die Reden des „Führers“ überall gehört werden konnten.

wieder „Großartiges" vollbracht hatten, besuchte man das Kino, dessen Eintrittskosten niedrig gehalten wurden, und erfreute sich in der jedem Film vorangehenden Wochenschau bei eigens gestellten Szenen all der Tapferkeiten, die *„unsere Jungs"* für die Sicherheit des Vaterlandes wieder geleistet hatten. Der Erfolgsfaden riss offenbar nie ab und man war dank der Weitsicht des „Führers" einem verheerenden Angriff der Feinde noch rechtzeitig zuvorgekommen.

In den Schulen gab es nun immer mehr Wehrertüchtigungsprogramme und zudem als neues Fach *„Rassenkunde"*, in dem den jungen Menschen mithilfe zuvor generierter biologischer „Beweise" dargelegt wurde, zur *„weißen Herrenrasse"* zu gehören und somit das Recht zu haben, sich sämtliche anderen – und natürlich minderwertigeren – Rassen Untertan zu machen. Oft hatten die Biologielehrer die ehrenvolle Aufgabe, dieses „hochwissenschaftlich fundierte" Fach zu vermitteln.

Karl befand sich auf der Zielgerade zum Abitur, das aber bereits ab dem 8. September 1939 durch ein einwöchiges *„Notabitur"* ersetzt wurde, welches in vereinfachter Form durch schriftliche Prüfungen von 90 Minuten je Prüfungsfach für diejenigen Schüler abgehalten wurde, die in weniger als sechs Monaten ihr reguläres Abitur würden ablegen müssen, sobald der Einberufungstermin für den Jahrgang feststand. Somit war klar, dass aus einem Maschinenbaustudium vorerst nichts werden konnte. Agnes weinte oft Nächte lang und machte sich bittere Vorwürfe, siebzehneinhalb Jahre zuvor einen Jungen und kein Mädchen zur Welt gebracht zu haben. Sie hatte schon ihren Erwin durch einen Unfall verloren, den es ohne die hektische Vorbereitung auf die *„Rennsiege für das*

Vaterland" wahrscheinlich niemals gegeben hätte, und sollte nun auch noch ihren Sohn hergeben, nachdem sie ihn gerade mit aller mütterlichen Liebe und Fürsorge groß gezogen hatte – eigentlich noch nicht einmal ganz.

Karl war überhaupt nicht der Typ für das Militär. Seine Intelligenz passte zu diesem stupiden Jawohl-Gebrüll wie eine handgeschriebene Originalbibel aus dem Altertum als Auskleidung für einen Schweinestall. Auch hatte Karl nie Interesse an körperlichen Auseinandersetzungen und irgendwelchem Kampfsport gezeigt – aber danach fragte niemand. Jeder, der nicht gerade schwer körperbehindert war, wurde offenbar unbedingt gebraucht. Wozu eigentlich? Angeblich für die Verteidigung des Vaterlandes weit abseits von diesem.

Einmal war Karl allerdings doch gewalttätig geworden und hatte sich für eine gute Sache vehement eingesetzt. Es war noch zu Lebzeiten des Vaters, als der Junge gerade erst die zweite Gymnasialklasse besuchte: Zu dem großen Mietblock, in dem die elterliche Wohnung lag, gehörte auch eine gepflegte Gartenanlage, in der eines Tages unübersehbare Maulwurfshaufen mitten in den regelmäßig mit Sorgfalt gemähten Rasenflächen auffielen. Die Hausfrauen beratschlagten und entwarfen ihren Kriegsplan, nach dem sie – den Haufen folgend – die Gänge des Tieres ausfindig machten und entlang dieser Flaschen mit den Öffnungen nach unten eingruben, die irgendeine übel riechende Flüssigkeit enthielten und den kleinen Kerl zu dem einzigen nicht versperrten Ausgang treiben sollten. Dort postierten sich die Weiber mit Schaufeln und Spaten, um den Maulwurf zu erschlagen, sobald er erscheine. Durch die lautstarken Berat-

schlagungen erfuhr auch Karl von der Aktion und
sein Gerechtigkeitsempfinden schlug sofort Alarm:
Da sollte ein vollkommen unschuldiges Tier, das
fleißig die Erde unterwärts umgrub, so dass der
Rasen eher besser gedieh, brutal zu Tode geschlagen werden, nur weil durch seine Aktivitäten
ein paar kleine Erdhaufen entstanden waren. Die
Achtung vor dem Leben hatte Karl von beiden Eltern sowie von seiner Großmutter früh gelernt und
er erinnerte sich auch an die Worte seines Vaters,
der in einem nicht mehr im Gedächtnis abrufbaren
Zusammenhang einmal gesagt hatte: *„Es gibt
nichts Gutes, außer man tut es."* Der kleine Junge
ging kurz entschlossen in den Garten und bat höflich eine der Frauen, ihm auch einen Spaten zu lei-
hen, da er bei der Aktion gerne mitmachen wolle.
Unter großem Lob von verschiedenen Seiten gab
man ihm das Mordinstrument und meinte, er sei ja
bereits ein tapferer Kämpfer und werde noch viele
Heldentaten meistern, wenn aus ihm erst ein starker Mann geworden sei. Karl stellte sich mit seiner
Waffe an den Ausgang und beobachtete gespannt
die Erde. Sowie er dort eine kleine Regung wahr-
nahm, schlug er mit voller Wucht gegen die meist
unbekleideten Beine der Hausfrauen und hieb ihnen die Spatenkante ins Fleisch. Das löste überall
ein gellendes Geschrei aus und der eben noch vor
Kampfeslust strotzende Haufen stob auseinander
wie eine Schar aufgeschreckter Hühner, während
der Maulwurf[13] bedächtig seinen Weg nahm, unter
dem nächsten Gebüsch verschwand und nie mehr
gesehen wurde.

[13] Heute steht der Maulwurf in Deutschland gesetzlich
unter Naturschutz und man darf ihn nicht einmal stö-
ren, geschweige denn ihm irgendetwas zuleide tun.

Karl stellte den Spaten wieder senkrecht an die
Hauswand, denn er hatte gelernt, dass man ein
Werkzeug nach Gebrauch immer ordentlich auf-
räumen muss – insbesondere, wenn man es sich
zuvor ausgeliehen hat. Es war ihm nicht gelungen,
sämtliche Waden gleichermaßen zu treffen, aber
das machte gar keinen Unterschied, denn die
Nachbarinnen, die nichts abbekommen hatten,
kreischten genauso laut wie die betroffenen.

Nun klebten sich die Kämpferinnen gegenseitig Pflaster auf, verfluchten den bösen Jungen, der noch am Galgen enden werde, und kündigten an, sich geschlossen bei seinen Eltern zu beschweren, damit diese ihn einmal so richtig über das Knie legen und durchprügeln sollten. Der ungebetene Besuch erschien gleich, nachdem Vater von der Arbeit zurück kam, was man ja sofort erkannte, wenn er mit seinem Firmenwagen vorfuhr. Er hörte sich das Gezeter ein paar Minuten lang an, zuckte dann mit den Achseln und meinte lakonisch, er sei bei dem Vorfall nicht zugegen gewesen und könne deshalb nichts weiter dazu sagen; ernsthaft verletzt sei ja niemand und er wundere sich doch darüber, dass ein Dutzend kräftige Hausfrauen sich offenbar nicht gegen einen elfjährigen Jungen behaupten könnten. Außerdem müsse er dringend noch einmal weg und werde sich seinen Sohn danach gehörig vornehmen. Gleich darauf setzte er sich erneut in den Wagen und war eine halbe Stunde später zurück, wobei er ein ziemlich großes Paket trug, das er Karl mit den Worten übergab: *„Einige unserer Nachbarinnen haben mich davon in Kenntnis gesetzt, dass du heute im Rahmen deiner Kräfte und Möglichkeiten genau das Richtige getan hast. So etwas muss belohnt werden. Dies hier darfst du gleich aufmachen und ich bin sehr stolz auf dich, da du schon jetzt offenbar ganz genau weißt, was richtig und was falsch ist."* Heraus kam ein wunderschönes dunkelblaues Modell des Mercedes Mannheim 380 S[14], das man über ein Federtriebwerk aufziehen konnte. Sogar die Lenkung ließ sich einstellen, so dass das Auto im

[14] Der *Mercedes Mannheim 380 S* (1932 – 1933) war ein Sportwagen mit einem 8-Zylinder-Reihenmotor, der 3820 cm^3 Hubraum aufwies und 80 PS leistete.

Kreis fahren konnte, bis die Feder abgelaufen war. Karl freute sich riesig, wobei er zuvor überhaupt kein schlechtes Gewissen gehabt hatte, denn durch ihn war ja schließlich nur ein Unrecht *verhindert* worden.

Diese Aktion stellte bislang seinen einzigen „Gewalteinsatz" dar – ein Kampf für die Gerechtigkeit und gegen das geplante Unrecht gegenüber einem Schwächeren. Was hatte dies aber damit zu tun, anderen Menschen ihren Lebensraum wegzunehmen, weil sie angeblich irgendwie minderwertig waren? Dafür gab es keine Logik und diese dürfte sich auch bis heute nicht gefunden haben.

Karl versuchte, zunächst einmal sein Nahziel zu erreichen, nämlich ein gutes Abitur; er hatte dabei die stille Hoffnung, dass das blödsinnige Kriegsspiel bis dahin vielleicht schon vorbei sein könnte und das Studium seiner Träume doch noch Realität werden würde. Die Anzeichen allerorts standen jedoch eher schlecht. Die so harmonisch begonnene Gymnasialzeit hatte sich zu einer schmutzigbraunen Suppe entwickelt und die Dümmsten in der Klasse fanden es ganz großartig, dass sie anscheinend das Glück hatten, ihren Schulabschluss ohne großen Lerneinsatz als Notabitur gleichsam geschenkt zu bekommen und dann endlich heldenhaft kämpfen zu dürfen. Die allgegenwärtige Propaganda schürte solche realitätsfremden Gedanken und die ständig zu vernehmenden Siegesmeldungen ließen vermuten, dass der „Endsieg[15]" schon zum Greifen nah sei. Dazu kam, dass das Militärwesen ausgerechnet zu der Zeit, als auch für Karl die schützende Schulzeit ihrem Ende zuging,

---

[15] „Endsieg" war ein staatlicher Propagandabegriff, der die ständigen Durchhalteparolen untermauern sollte.

durch das siegreiche Überrennen Frankreichs auf dem Höhepunkt seiner zweifelhaften Popularität stand. Naive Zeitgenossen beglückwünschten die „Gerade-noch-Schüler" zu ihrer heldenhaften Zukunft und versicherten ihnen, dass man alsbald auf sie stolz sein werde. Meist fehlte auch nicht die eher berüchtigte als berühmte Parole: *„Der Dank des Vaterlandes ist euch gewiss!"* So kam auch für Karl die Woche, in der er in jedem Kernfach binnen einer doppelten Schulstunde sein Notabitur schreiben musste, das natürlich lediglich den bis dahin durchgenommenen Stoff umfasste. Er kam sich vor wie ein Leistungssportler, den man mit vier Mann als Hilfestellung auf die Reckstange hob, um sofort danach die Übung als absolviert abzuhaken. Agnes konnte sich kaum noch beruhigen, als der Tag der Einberufung immer näher rückte. Ihr Sohn litt mit ihr und es tat ihm weh, wie er sie so unglücklich auf dem Sofa liegen und schluchzen sah. Er versuchte, sie halbwegs zu beruhigen, indem er sagte: *„Reg' dich nur nicht so auf, Mutti – es wird nicht alles so heiß gegessen, wie man es kocht, und du weißt doch, dass ich mich nicht so schnell unterkriegen lasse. Ich verspreche dir, dass ich niemandem etwas Böses antun werde."* Davon war Agnes felsenfest überzeugt, denn sie kannte ihren Jungen, aber sie befürchtete, dass sein Gerechtigkeitssinn, den er ja schon einmal gegenüber dem kleinen Erdtier unterhalb der Rasenfläche bewiesen hatte und der so ganz und gar nicht in die aggressionsbetonte Zeit der Gegenwart passte, einem so anständigen jungen Menschen, wie ihr Karl es war, eines Tages zum Verhängnis werden könnte.

Die große Fakultät des Massenmordes

Als ganz kurz nach dem Schulabschluss der Tag des Abschiednehmens gekommen war, sorgte sich Karl mehr darum, dass seine Mutter an der Belastung nervlich zerbrechen könnte, als um seine eigene Zukunft, denn in diese kann ohnehin niemand blicken und somit birgt auch die größte Unsicherheit einen winzigen Hoffnungsschimmer, die Sache könnte vielleicht doch noch irgendwie glimpflich ausgehen.

Es war Ende 1940 und nach den meist „erfolgreichen" Überfällen auf Polen, Dänemark, Norwegen, Belgien, Luxemburg, die Niederlande, Jugoslawien, Griechenland und Frankreich sollte im kommenden Sommer der Großangriff gegen die Sowjetunion beginnen und noch vor Anfang der kalten Jahreszeit siegreich beendet sein. Dabei hätte schon ein Blick auf den Globus die Idiotie dieses Unternehmens offenbart und den *„größten Feldherren aller Zeiten*[16]" als größten Naivling der Geschichte enttarnt. Für dieses *„Unternehmen Barbarossa*[17]" war auch Karl als unentbehrlich vorgesehen und er sollte dabei helfen, der bolschewistischen[18] Invasion zuvor zu kommen, wofür die Welt später allen, die mitgemacht hätten, ewig dankbar sein werde.

[16] Hitler ließ sich selbstgefällig als den *„größten Feldherrn aller Zeiten"* bezeichnen.

[17] *„Unternehmen Barbarossa"* war der Deckname für den Angriffskrieg gegen Russland.

[18] *„Bolschewismus"* ist der polemische Begriff für die kommunistische Staatsform der Sowjetunion.

Das neue Leben begann in der riesigen Kaserne, in der sofort auch der neue Umgangston auffiel: Man war schließlich kein Zivilist mehr und durfte somit auch nicht zivilisiert angesprochen werden. Es hatte den Anschein, dass jede Form eines ruhigen Tonfalls in diesem Verein verboten war, denn man wurde grundsätzlich nur angeschnauzt, selbst wenn es um einfachste Mitteilungen ging. Besonders die Abiturienten mussten wohl davon überzeugt werden, dass ihr Wissen von nun an zu gar nichts mehr nütze sei und sie waren die beliebtesten „Kunden" bei den Ausbildern – meist jungen Leuten, die wohl wegen ihrer universellen Unfähigkeit für keinen normalen Beruf zu gebrauchen waren; jetzt genossen sie es, den *„Rotärschen*[19]*"* richtig einheizen zu können und diese Opfer, von denen auch der Unbegabteste seinen Schindern geistig um Grade überlegen war, einmal nach Herzenslust zu schikanieren. Karl versuchte, so wenig wie möglich aufzufallen und Fragen jeder Art zu vermeiden, die bei all dem verzapften Schwachsinn ohnehin überflüssig gewesen wären. So begann gleich nach der Schulzeit eine intensive Verblödungskur, als wolle man jedes mühsam erarbeitete Bildungsstaubkorn ein für allemal und möglichst unwiederbringlich auslöschen. Er wurde wie die meisten Abiturienten zum Latrinenputzen[20] eingeteilt. Nebenbei erfolgte das Einhämmern ins Unterbewusstsein, dass die Russen eigentlich gar keine wirklichen Menschen, sondern eher so eine Art Unterkreaturen seien – also im Grunde zum

[19] Im vulgären Militärwesen wird ein Neuankömmling als *„Rotarsch"* bezeichnet.

[20] *„Latrine"* ist der im Militärjargon verbreitete Ausdruck für die Toiletteneinrichtung.

Ungeziefer gehörten. Ernsthafte Gegner würden sie für die ohnehin unbesiegbare deutsche Wehrmacht natürlich nicht darstellen.

Karl lernte mit seinen Leidensgenossen, dass es neben den Feinden noch ganz verachtenswerte Wesen gäbe – gleichsam die Wurzeln allen Übels – nämlich die Deserteure[21], die so genannten Fahnenflüchtigen. Mit solchen Elementen werde stets kurzer Prozess gemacht, indem man sie entweder auf der Stelle erschieße oder in ein Strafbataillon stecke, wo ihre Überlebenschance so gut wie nicht mehr vorhanden sei. Immer wieder wurde unterschwellig davor gewarnt, jemals auch nur an so etwas überhaupt zu denken, weil das ein ganz schlimmer Verrat gegenüber dem Vaterland sowie gegen jeden einzelnen der Kameraden sei. Ein geflügeltes Wort war: *„Wer für sein Vaterland kämpft, kann sterben, wer fahnenflüchtig wird, muss sterben[22]."* Es ist schon sonderbar, dass der Deserteur im Militärwesen immer so verunglimpft wird, obwohl es doch auch ganz berühmte Haudegen gab, für die der Krieg ihr Ein und Alles zu sein schien und die selbst ihre auf sie eingeschworenen Leute

---

[21] Ein *„Deserteur"* ist ein Soldat, der sich so viel Denkfähigkeit bewahrt hat, dass er erkennt, sein Mitwirken an Kriegshandlungen auf eigene Initiative beenden zu müssen, und sich konsequenterweise von der Truppe entfernt, womit er meist große Selbständigkeit und überdurchschnittlichen Mut beweist.
„Deserteur" kommt von dem lateinischen Wort: „deserere" = verlassen, aufgeben.

[22] Hierbei handelt es sich um das verfälscht wiedergegebene Brecht-Zitat *„Wer kämpft, kann verlieren, wer nie kämpft, hat verloren."*
Bertolt Brecht (☼ 1898, † 1956) war ein deutscher Dramatiker und Lyriker.

im Stich ließen, sobald es ihnen zweckmäßig erschien. Der entscheidende Unterschied zu ihren verachteten Kollegen war lediglich der hohe Rang, der die vollkommene Immunität gegen jede standrechtliche Verfolgung zusicherte und den ansonsten für so eine Entscheidung erforderlichen Mut gleichsam „von Rangswegen" ersetzte. Ein bekannter Repräsentant dieser Spezies[23] ist Napoleon Bonaparte, der bei seinem Russlandfeldzug am 5. Dezember 1812 seine Armee einfach verließ und sich nach Paris aufmachte, nachdem er die Aussichtslosigkeit der Lage erkannt hatte. Nach der verlorenen Schlacht bei Waterloo am 18. Juni 1815 – Napoleons letztem Gemetzel – wiederholte der Kaiser seine „Heldenhaftigkeit", indem er sich in einen Wagen warf und erneut desertierte. Mantel und Hut ließ er in der Eile zurück; letzterer liegt seit 2006 im Deutschen Historischen Museum in Berlin und liefert einen Beweis für die „Standhaftigkeit" eines Mannes, der von seinen Untergebenen stets die bedingungslose Einsatzbereitschaft – auch unter Aufgabe des eigenen Lebens – verlangte.

Ebenso setzte sich der deutsche Kaiser Wilhelm II. bereits am 29. Oktober 1918 in den belgischen Badeort Spa ab, obwohl der von ihm angezettelte und gestartete Erste Weltkrieg noch über eine Woche im Gange, jedoch für den Aggressor aussichtslos geworden war.

[23] Der Begriff „*Spezies*" bedeutet „Tierart" und ist hier im übertragenen Sinn gemeint.

Aufbruch gen Osten

In der kurz gefassten Grundausbildung hatte man verschiedene Methoden gelernt, effektiv und materialschonend möglichst viele Menschen zu töten oder zumindest gefangen zu nehmen. Beim Militär gilt schließlich sinngemäß immer der Grundsatz: *„Nur ein toter Feind ist ein guter Feind."* Geübt wurde übrigens stets bloß der Angriff, denn ein Rückzug komme schließlich für einen deutschen Soldaten niemals infrage. Karl konnte nun ein Gewehr reinigen, Kloschüsseln ausschrubben, Vorgesetzte formvollendet grüßen und laut *„jawohl"* schreien. Bei den Schießübungen hatte er auch tatsächlich zweimal die Scheibe getroffen und sich von dem kommandierenden Feldwebel ein ohrenbetäubendes Gebrüll eingehandelt.

Bei der Umsetzung des *„Marschbefehls"* wurden die Leidensgenossen in Züge gestopft, die dann in Richtung Osten rollten. Die Stimmung war ausgelassen und siegesgewiss: Man gelobte, den Iwans[24] ganz gehörig den Hintern versohlen zu werden; als man dieses „heldenhafte" Vorhaben oft genug verkündet und sich entsprechend der Gruppendynamik damit selber Mut angeschrien hatte, schwenkte der grölende Chor zu dem berüchtigten Nazilied um: *„Tropft das Judenblut vom Messer, geht's uns allen besser!"* Karl grölte zum Schein laut mit, denn er wollte um keinen Preis unangenehm auffallen; dabei faltete er unbemerkt die Hände zu einem gedanklichen Gebet und bat Gott damit um Verzeihung, dass solche Schandworte über seine Lippen kamen. Immer wieder fühlte er, ob seine Geldscheine noch in der Hose steckten, die er heimlich dort eingenäht hatte, weil man ja

---

[24] *„Iwan"* ist ein häufiger russischer Vorname.

nie wissen konnte, wie alles schließlich ausgehen würde.

Beim nächsten planmäßigen Halt wurden noch weitere Soldaten in den Zug kommandiert, die durch das Gegröle der bereits „etablierten" ein wenig Mut dazu gewannen, was ihnen das Erklimmen der Stufen erleichterte. Die immer noch ausgelassene Stimmung gestaltete sich nach dem Motto „*Was kost' die Welt?*" Man bedauerte die Bahnbediensteten, die ihre langweilige Arbeit tun mussten, während man selbst zu der auserwählten Gruppe gehörte, die in treuer Pflichterfüllung weit hinaus durfte und dabei, wohl unter Gefahren, aber ganz sicher siegreich Ruhm und Ehre für das liebe Vaterland einfahren werde. Die aus den Fenstern gebrüllten Parolen ließen keinen Zweifel daran, dass viele tatsächlich zu glauben schienen, was sie hinausposaunten.

Als es bereits leicht dämmerte, begann völlig unvermittelt der Ernst des „Unternehmens", als der Zug plötzlich an Geschwindigkeit verlor und auf freier Strecke anhielt. Aus Richtung der Lokomotive wurde gebrüllt: „*Alarm! Angriff aus der Luft! Alle Mann in Deckung unter den Zug!*" So wurde die Evakuierung der Abteile vollzogen und die Angst vor feindlichen Flugzeugen stand jedem ins Gesicht geschrieben, der sich gerade noch als unbesiegbar oder zumindest für alles entschlossen gezeigt hatte. Einer nach dem anderen zwängte sich mit eingezogenem Kopf aus der schmalen Zugtür, um sich sofort nach unten abgleiten zu lassen und anschließend auf die Bahnschwellen zu legen. So bekamen die anfangs noch frisch gereinigten grünen Uniformen ihren ersten Schmutz ab sowie Flecken beim Berühren des gut geschmierten Räderwerks. Gleich ertönte der Befehl, man solle gefälligst bis zur Mitte des Wagens kriechen, damit die nachrückenden Kameraden auch noch Platz hätten. Als sich das hochtourige Motorengedröhn der niedrig herankommenden Flugzeuge näherte, hatte auch der letzte Soldat begriffen, dass es sich um keine Übung im Stil der vergangenen Wochen und Monate handelte, sondern alles bitterer Ernst war, nämlich ein „Geländespiel" auf Leben und Tod. Mehrmals waren dumpfe Knalle zu hören und nicht weit vom Zug sah man ein unkontrolliertes Feuer, jedoch die Waggons selbst schienen nicht getroffen worden zu sein. Seit Mai 1940 gab es schon Luftangriffe seitens der *Royal Air Force*[25] der Engländer, doch wurden diese meist nachts durchgeführt und richteten sich in erster Linie gegen die Industrieanlagen der Städte; ein Angriff auf einen Truppentransportzug galt als eher selten. So verharrte man noch etwa eine Viertelstunde kauernd und angstvoll mit an die Holzschwellen gepresstem Gesicht unter dem stehenden Zug, als der Befehl ertönte: *„Alles zurück in die Wagen!"* Neben dem Bahndamm brannte es noch in dem dürren Gestrüpp des Sommers und Karl robbte mit den anderen bis zu einer Stelle, die den Weg nach draußen freigab. Unvermittelt stieß die Lokomotive einen fauchenden Ton aus und diejenigen, die bereits außerhalb der Deckung waren, schauten gebannt nach vorne, denn ein Anfahren des Zuges in diesem Moment hätte für viele Kameraden das Aus bedeutet. Als Karl sich gerade über das Gleis winden musste und befürchtete, sogleich von den scharfkantigen Rädern der Wagen zermalmt zu werden, sah er, wie alle Kameraden und Offiziere gespannt in Richtung der Lokomotive blickten.

[25] *„RAF"* (**R**oyal **A**ir **F**orce) waren die Luftstreitkräfte des Vereinigten Königreichs von Großbritannien.

Nach der Devise „*jetzt oder nie*" vollzog er seine Bewegungen im unveränderten Takt der Menge, ließ sich jedoch – von niemandem bemerkt – den Bahndamm hinunter und versteckte sich hinter einem großen Brombeerstrauch, wo man ihn in seiner dunkelgrünen Uniform von oben nicht erkennen konnte. Er wagte kaum zu atmen und sah durch die Zweige, wie sich Mann für Mann wieder in den Zug begaben, bis die Türen von innen zugezogen wurden. Alles vollzog sich plötzlich ganz still und niemand dachte daran, irgendeinen markigen Spruch loszulassen oder eines der makaberen Hetzlieder anzustimmen. Die erste Berührung mit der Wirklichkeit hatte doch vielen den kühnen Heldenmut ganz schnell aus dem teilweise nur noch anatomisch vorhandenen Gehirn geblasen. Da man offenbar aus diesem von oben leicht einsehbaren Streckenbereich rasch verschwinden wollte, war ein schnelles Einsteigen befohlen und auf das Abzählen verzichtet worden; dann setzte sich der Zug gleich wieder in Bewegung – ohne den gewohnten Pfiff, den man mit diesem Vorgang seit jeher unbewusst verbindet. Karl traute sich nicht, in Richtung des Gleiskörpers zu blicken, sondern verharrte stumm unter seinem Busch, bis das gleichmäßige Stampfen der Maschine, die allmählich wieder Fahrt aufnahm, in der Ferne verklang.

Der Schritt in die Selbständigkeit

Nun war Karl auf sich selbst gestellt und hatte den Tatbestand für eine standrechtliche Erschießung erfüllt, denn er war unerlaubt von der Truppe zurück geblieben. Langsam und mit scheuem Blick in Richtung der Gleise richtete er sich auf und vergewisserte sich, dass er tatsächlich ganz alleine war. Als erstes kletterte er zu dem immer noch brennenden Gebüsch, wo er seine Uniformjacke sowie die ovale Erkennungsmarke[26] aus Metall samt dem lästigen Halskettchen in die Flammen schmiss. Die Verpflegungsration hatten alle im Zug lassen müssen und weit und breit gab es nur grüne Landschaft, die sehr schön sein musste, wenn man sie nur unter anderen Aspekten genießen könnte. So wie er aussah, hätte man ihn auf den ersten Blick für einen Streckengeher halten können, der die Verschraubung der Schienen mit den Schwellen überprüfte. Genau diesen versuchte er zu spielen und merkte bald, dass die erhoffte Ähnlichkeit mit dem Bahnbediensteten wohl mehr auf seinem eigenen Wunschdenken als auf der Realität beruhte, aber die Vorstellung beflügelte doch den Schritt in die Richtung, aus der er zuvor mit dem Zug gekommen war. Karl musste an die Bürgschaft[27] denken, deren Verse er gegen Ende der Unterstufe in der Schule hatte auswendig lernen müssen: Got-

---

[26] Die Markennummer diente zum Identifizieren der toten Soldaten und wurde im Wehrmachtsjargon als *„Hundemarke"* bezeichnet.

[27] *„Die Bürgschaft"* ist die berühmte 1798 entstandene zwanzigstrophige Ballade von Friedrich v. Schiller (☼ 1759, † 1805), einem deutschen Dichter, Philosophen und Historiker.

tes schützende Hand lag über ihm, als er sich von dem Haufen absonderte, der zum großen Teil mit Mordgedanken ostwärts fuhr. Das zeitliche Zusammenspiel, das gerade in dem Moment, als er sich unter dem Waggon herausarbeitete, die Kameraden in Richtung Lokomotive blicken ließ und ihm dadurch die Chance zum unbemerkten Abrollen gegeben hatte, war durch ihn in keiner Weise zu beeinflussen gewesen. Nun musste es irgendwie weiter gehen und jeder Schritt brachte ihn näher an die nächsten Schwierigkeiten, die es wiederum zu meistern galt und für die es jeweils nur einen einzigen Versuch gab, während jedes Scheitern den Tod bedeuten konnte; aber fuhren nicht seine Kameraden, von denen er sich soeben losgesagt hatte, einem ganz ähnlichen Schicksal entgegen – allerdings mit dem entscheidenden Unterschied, dass diese zuerst einmal massives Übel gegenüber anderen Menschen zu verüben hatten, deren einziges Vergehen darin bestand, in Russland auf die Welt gekommen zu sein. Nach dem Anzetteln dieses Wahnsinns ergab sich dann ganz automatisch unzählige Male die Situation der Verteidigung und des erneuten Angriffs. Karl hatte sich dagegen nichts Böses vorzuwerfen und steuerte auch nicht auf eine Situation zu, die ihm ein derartiges Vorgehen abverlangte.

Ohne jeden Zweifel befand er sich in ständiger Lebensgefahr, denn man hatte den jungen Leuten, die von Staats wegen zu Schulabbrechern gemacht worden waren, ja oft und eindringlich genug eingehämmert, was für ein gravierendes Verbrechen die eigenmächtige Entfernung von der Truppe darstelle und dass die einzige dafür vorgesehene und natürlich absolut gerechtfertigte Strafe ein durch Standrecht verfügtes und sofort zu vollstreckendes Todesurteil[28] sei, während das Fallen auf dem Schlachtfeld als ehrenhaft hochstilisiert wurde. Dann würde Karl eben nach Auffassung des Unrechtsregimes etwas unehrenhafter sterben – allerdings mit weitaus besserem Gewissen! Dabei kam ihm der lateinische Spruch in den Sinn: *„Praestat iniuriam afficere quam iniuriam facere.[29]"* Sein alter Lateinlehrer hatte diesen Satz mehrmals zitiert, bevor derart „verweichlichendes Gedankengut" aus den deutschen Gymnasien verbannt wurde.

[28] Oft wurden Fahnenflüchtige nicht standrechtlich erschossen, sondern in ein Strafbataillon gesteckt, in dem sie niedere und lebensgefährliche Arbeiten wie beispielsweise das Aufspüren und Wegräumen feindlicher Minen durchführen mussten. Die Überlebenswahrscheinlichkeit in so einem Bataillon lag bei etwa zwei Prozent.

[29] *Unrecht leiden ist besser als Unrecht tun.*

So trottete Karl von Schwelle zu Schwelle auf dem Gleis, lauschte dem vielstimmigen Abendgesang der Vögel und kam bei einsetzender Dunkelheit in die Nähe der kleinen Station, wo der Zug am Spätnachmittag noch kurz gehalten hatte. Es war schon deprimierend, wie lange man zu Fuß für dieses kurze Stück Eisenbahnstrecke benötigte; dabei wanderte Karl völlig unbeschwert ohne jedes Gepäck oder Mordinstrument, denn auch „sein"

Gewehr war im Zug geblieben; er hätte es ohnehin längst weggeworfen.

Als er sich den einfachen und rein zweckorientierten Gebäuden näherte, schlug sein Herz bis zum Hals und er traute sich nicht einmal, kurz stehen zu bleiben, um die Lage für eine gute Entscheidung genauer zu erkunden. Ein Stehenbleiben wäre bei einem Streckengeher, den er immer noch spielen wollte, zu auffällig und somit auf jeden Fall verdächtig gewesen. Der Zufall wollte es, dass gerade der Schichtwechsel vollzogen wurde und die „Kollegen" von der Nachmittagsschicht zurück kamen, während sich andere zur Nachtschicht bereit machten; meistens waren es Rangierer und Kuppler, deren Aufgabe darin bestand, die Güterzüge richtig zusammenzustellen. So folgte Karl zunächst dem dünnen Strom der Männer und bemerkte dann eine Tür mit der unübersehbaren Aufschrift:

Nur für Bedienstete der Reichsbahn!
Unbefugten ist der Zutritt strengstens verboten!

Der Text wirkte so Respekt einflößend, dass er schon dadurch interessant war und förmlich dazu aufforderte, das ausgedrückte Verbot zu brechen. Karl riskierte zwei kurze Blicke nach links und rechts, öffnete die unverschlossene Tür einen kleinen Spalt und trat in den dahinter liegenden Raum, der sich als eine Art Geräteschuppen erwies. Zuerst griff er sich eine frisch gereinigte Bahnwärteruniform. In Windeseile riss er das Wehrmachtszeug vom Leib und schlüpfte in die soeben ergatterte Kleidung, die wohl für etwas korpulentere Leute geschneidert war. So stopfte er die noch warme Hose sowie das Soldatenhemd irgendwie darunter und setzte die Dienstmütze auf. Dieser

„*letzte Schliff*" ließ den jungen Mann so aussehen, wie er jetzt wirken wollte. Im Raum war es fast dunkel und es gab keinen Spiegel, aber Karl glaubte zu *fühlen*, dass alles passte. Nun musste er wohl oder übel Licht machen und fand den abgegriffenen schwarzen Drehschalter neben der Tür. Sein Blick schweifte durch den einfach eingerichteten Raum mit zahlreichen offenen Regalen, als sich plötzlich die Tür öffnete und ein ähnlich aussehender „Kollege" eintrat. Sofort sah er Karl und sagte eintönig: „*Ich brauch' bloß 'en Satz neuer Batterien für meine Taschenlampe. Machst Du nachher das Licht aus und ziehst die Tür von außen zu?*" Karl antwortete ebenso gelassen: „*Freilich mach' ich das.*" So nervenaufreibend diese Begegnung für ihn auch war, so nützlich erwies sie sich gleich darauf, denn sie zeigte Karl, wo die Lampen lagen. Als der „Kollege" raus war, griff er sich eine dieser großen Taschenlampen, in der frische Batterien steckten, und eine halb volle Ölkanne. In der Eile packte er noch ein paar einfache Werkzeuge sowie einige Ersatzbatterien, schaltete das Licht aus, wie man es ihm gesagt hatte, und zog die Tür von außen zu, wobei er hörte, wie das Schoss einrastete.

Nun galt es, den mürrischen Gesichtsausdruck zu zeigen, der zu dem bevorstehenden achtstündigen Nachtdienst passte. Als Karl der Geruch von warmen Bratkartoffeln in die Nase stieg, spürte er seinen Hunger, der schon kurz nach dem Fußmarsch eingesetzt hatte und während der Suchaktion nach den geeigneten Ausstattungsstücken nur ein wenig verdrängt worden war. Der wohlige Duft kam aus der Kantine und zog Karl förmlich in diese Richtung. Dort fiel er allerdings nicht auf, denn sämtliche Eisenbahner, die an den kleinen blanken Holz-

tischen saßen oder standen, waren ebenso geklei-
det. Er beobachtete die Situation und als er merkte, dass die einfache Mahlzeit für die Bediensteten
der Reichsbahn nichts kostete, stellte auch er sich
an und nahm seine Portion zusammen mit einem
kleinen Versorgungspaket für die bevorstehende
Nachtschicht dankend in Empfang, sobald er an
der Reihe war. Es tat gut, endlich wieder etwas
Warmes im Magen zu haben. Sobald das Treiben
im Imbissraum schwächer wurde, begab sich auch
Karl hinaus in die laue Spätsommernacht und ging
in Richtung der abgestellten Güterwaggons. Die
Aufschrift *„Überschreiten der Gleise verboten"* galt
für ihn jetzt wohl nicht mehr. Karl schritt die Wagen
ab, leuchtete hin und wieder mit seiner Taschenlampe an die Räder und setzte zweimal kurz die
Ölkanne an. Heiß wurde ihm, als plötzlich jemand
hinter ihm rief: *„Mit denen hier bin ich schon
durch!"* Der Neuling erschrak zutiefst, reagierte jedoch schnell und antwortete leicht unwirsch: *„Danke, ich weiß. Das müssen wir jetzt zweimal machen – zur Sicherheit, weil manche Wagen kriegswichtig sind. Das Verordnungsblatt bekommst Du
sicher auch noch."* Das war wieder gut gegangen
und erlaubte ein erleichtertes Durchatmen. Was
Karl hauptsächlich interessierte, waren jedoch weniger die Räder, sondern die Zielorte auf den
Frachtzetteln an den einzelnen Güterwagen.
Schließlich stand auf einem deutlich *„Stuttgart
Hbf."*, was sich gut las, denn es erinnerte an die
Heimatstadt. Diesen geschlossenen Güterwagen
behielt Karl im Auge, bis mit ihm ein Zug zusam-
mengestellt wurde. Bei den Ankopplungsvorgän-
gen konnte er sehen, dass überall Druckluftleitun-
gen angeschlossen wurden und folglich jeder Wagen durch den Lokführer gebremst werden konnte.

Das bedeutete, dass die auf den meisten Waggons noch vorhandenen telefonzellenartigen Bremserhäuschen[30] für den Normalbetrieb überflüssig geworden waren und notfalls einen einigermaßen komfortablen Aufenthaltsort während der Fahrt bieten konnten.

[30] Seit Mitte der Zwanzigerjahre wurden auch Güterzüge nicht mehr per Handkurbel in jedem Wagen gebremst, sondern zentral von der Lokomotive aus mit Druckluft. Bis dahin gab es den Beruf des Bremsers, der auf Pfeifzeichen vom Lokführer lauschte und dann die Bremskurbel betätigen musste. Als behelfsmäßiger Witterungsschutz diente ihm sein winziges *„Bremserhäuschen"*.

Nicht so ganz erster Klasse

Als die Dampflok vorgespannt wurde, begab sich Karl in geschäftigem Schritt zum hinteren Teil des Zuges, leuchtete hin und wieder kurz auf die Räder der Waggons und hielt dabei die Ölkanne einsatzbereit in der rechten Hand. Er sah zu, „seinen" Güterwagen zeitgleich mit dem Startpfiff zu erreichen, und sprang dann auf die schmalen leiterartigen Stufen vor dem Bremserhäuschen – mit genau den Bewegungen, die er sich zuvor von den Eisenbahnerkollegen abgeschaut hatte. Oben angekommen, öffnete er die Tür des winzigen Häuschens, das in der Tat noch kleiner war als eine Telefonzelle. Es reichte gerade aus, um aufrecht darin stehen zu können. Von der Kurbel ließ er schön die Hände. Nach Schließen der Tür passierte der Zug das Ausfahrtssignal und Karl fuhr gut gelaunt in die Nacht hinein.

Er war bestimmt schon komfortabler gereist, aber
nun spürte er ein deutliches inneres Glücksgefühl
verbunden mit einer schelmischen Freude über
den gelungenen Schritt. In einer solchen Situation,
in der er sich gerade befand, darf man eigentlich
nur nach vorne schauen und versuchen, den
nächsten Schritt so geschickt wie möglich zu ma-
nagen. An das, was alles schief gehen kann, soll
man gar nicht denken, weil das nur die Kreativität
lähmt – ganz ähnlich, wie es grundsätzlich falsch

ist, während einer gefährlichen Kletterpartie nach unten in die Tiefe zu blicken. Sein „Abteil" war im Grunde nicht mehr als eine Art Regenschutz; selbst eine Scheibe fehlte, denn der Bremser sollte ja die Pfeifsignale des Lokführers jederzeit hören können. Im Winter musste dieser Beruf in der ungeheizten Holzkiste die reinste Qual sein, aber es war noch nicht kalt und der frische Fahrtwind tat eher wohl. Der Vorteil einer unbemerkten Mitfahrt auf dem Güterzug bestand vor allem darin, dass dieser relativ selten hielt und somit das Risiko, an einer Bahnstation entdeckt zu werden, eigentlich minimiert war. Karl genoss die ratternde Fahrt mit sehr geringem, aber dafür gleichmäßigem Tempo – vorbei an dunklen Wäldern und kleinen Dörfern, in denen nur noch vereinzelt Licht zu sehen war.

Als die Druckluftbremse in Aktion trat, erfolgte gleichsam automatisch der bange Blick nach draußen; die tief schlafende Landschaft zeigte Karl, dass der Zug lediglich an einem auf *„Halt"* stehenden Signal auf freier Strecke anhielt. Dies gab jedoch den Anstoß für die Überlegung, was beim Halt am nächsten Güterbahnhof am besten zu tun sei: Die eine Möglichkeit war, einfach im Schutz der Dunkelheit im Bremserhäuschen zu verharren und auf eine baldige Weiterfahrt zu hoffen. Die Alternative bestand darin, diensteifrig die Stufen hinunter zu steigen und sofort danach die Fahrgestelle zu inspizieren, um sich bei Fortsetzung der Fahrt wieder aufzuschwingen. Der Gedanke, dass es an einem kleinen Rangierbahnhof wohl recht wenig Personal geben würde und ein blinder Passagier auffallen könnte, da die paar Bediensteten, die nachts arbeiten mussten, einander wahrscheinlich gut kannten und ihn als „Fremdkörper" sofort ausmachen und ansprechen würden, setzte sich schließlich durch. So fiel die Entscheidung auf die erste Variante. Als es nach einer gefühlten guten Stunde – eine Armbanduhr gehörte nicht zum derzeitigen Besitz – tatsächlich so weit war, fiel es Karl schwer, die steif gewordenen Glieder zu bewegen, und er zwang sich in eine Art Hockstellung, die sich äußerst unbequem anfühlte. Zum Glück näherte sich niemand dem Wagen und nur aus der Ferne war geschäftiges Treiben zu erahnen. Dann wurde es vollkommen ruhig und man hörte bloß noch die sanften Geräusche der Nacht. Karl stand auf einem Abstellgleis und wusste nicht, wann die Fahrt weitergehen würde. Er hatte jeden einzelnen Schritt vor der Ausführung gedanklich durch seinen Verstand geschleust, dort gleichsam vor der Umsetzung simuliert und nun doch einen Fehler gemacht: Ihm war zwar der Zielort bekannt, nicht aber das Datum, an dem dieser angesteuert werden sollte. Dies ist der typische Knackpunkt, an dem auch die meisten Verbrecher scheitern: Sie halten sich für schlauer als sämtliche Tatermittler zusammen, denken jedes Detail haarklein durch und übersehen dabei doch irgendeine winzige Kleinigkeit, die ihnen dann bei der Ausführung zum Verhängnis wird. Karl gehörte nun wahrlich nicht zu dieser Menschengruppe; bei ihm ging es einzig und allein um das nackte Überleben und die Vermeidung aller lebensverachtenden Aktivitäten, in die er unweigerlich hineinschliddern würde, wenn er sich nicht losgelöst hätte. Als sein Gehör ihm signalisierte, dass er mutterseelenalleine war, schlich er nach draußen und tastete sich zu dem Frachtzettel vor, den er nach einem bangen Blick, ob ihn wirklich niemand beobachten konnte, ganz kurz anleuchtete. Er erkannte deutlich das Datum des kommenden oder vor kurzem angebrochenen

Tages, rechnete noch einmal schnell nach und wusste dann genau, dass sich die Wartezeit – zumindest theoretisch – in Grenzen halten musste. So begab er sich wieder in seine Behelfsbehausung und harrte der Dinge, die da kommen sollten. Die Stunden verstrichen quälend langsam und man hörte von ferne eine Turmuhr schlagen; diese war jedoch so weit weg, dass sich die Töne kaum zählen ließen und man die Uhrzeit somit nicht erkennen konnte. Es spielte auch keine Rolle, wie spät es tatsächlich war, und die Dunkelheit, die für einen Flüchtenden stets als Freund empfunden wird, reichte als Hinweisgeber für das Verhalten mit dem geringsten Risiko. In der Stille der Nacht holte sich der ausgelaugte Körper die ihm zustehende Portion Schlaf, als ihm eine gewisse Zeit lang keine Aktivitäten mehr abverlangt wurden. So kam es, dass Karl erst aufwachte, als – für ihn unbemerkt – wieder eine Lokomotive vorgespannt war und sich der mittlerweile etwas anders zusammengestellte Zug erneut in Bewegung gesetzt hatte. Der Schreck über die Gefahr, die still vorübergezogen war, machte den jungen Mann schlagartig hellwach und er dankte Gott, noch einmal beschützt worden zu sein. Der alte Spruch *„wer schläft, sündigt nicht"* schien in diesem Fall nicht so ganz zu stimmen. Jetzt erst merkte er, dass sein rechtes Knie schmerzte; er war offenbar etwas eingesunken und sein Körper hatte von innen gegen die verriegelte Holztür gedrückt, wobei sich das Knie geknickt und bis zum Aufwachen einen großen Teil der Last aufgenommen hatte.

Die gleichmäßigen Fahrgeräusche des sich stetig fortbewegenden Güterzuges strahlten etwas Beruhigendes aus und dazu kam die Gewissheit, dass die Gefahr, entdeckt zu werden, praktisch bei null lag, solange die Fahrt andauerte. So genoss Karl die nächtliche Landschaft, in der nur noch ganz selten ein paar beleuchtete Fenster auftauchten, hinter denen sich nicht zu ahnende Schicksale abspielten – schlimme und vielleicht auch hin und wieder ein paar glückliche. Bei dieser ungewissen Zukunft entwickelt der Mensch eine Mentalität, die sich – ähnlich wie der Körper den benötigten Schlaf – ihr Quäntchen Glück dann holt, wenn sich die Gelegenheit dazu bietet, auch wenn dieses vielleicht nur eine ganz kurze Dauer verspricht. Karls Gedanken wanderten unruhig von den paar Menschen, die hinter diesen Fenstern wohl noch wach waren, zu seiner Mutter, die vielleicht nicht schlafen konnte, weil sie die Sorge um ihren einzigen Sohn nicht zur Ruhe kommen ließ. Bekam sie ein wenig Trost durch die Oma oder musste sie mit ihrem Kummer ganz alleine fertig werden? Das Kuriose war, dass sich Karl gerade ziemlich genau auf sie zu bewegte, anstatt sich immer weiter ostwärts zu entfernen. Bei diesen Denkspielen überkam ihn wieder eine gewisse Müdigkeit und er winkelte instinktiv sein Knie so ab, dass es im Falle eines Einschlafens nicht wieder diesem unangenehmen Druck ausgesetzt wäre – aber er durfte auf keinen Fall noch einmal einschlafen, denn die schützende Dunkelheit der Nacht würde nicht ewig dauern und der Zug konnte schließlich an jedem Bahnhof mit Güterabfertigung zum Stehen kommen – und sei es nur, damit die Lokomotive wieder Wasser und Kohle aufnahm. Außerdem gab es noch eine wichtige Aufgabe zu erledigen: Karl trug nach wie vor die Wehrmachtshose mit dem entsprechenden Hemd bei sich. Diese Teile mussten ohne Spuren entsorgt werden. Zunächst entfernte er die erst einen Tag vorher sorgfältig eingenähten

Geldscheine und brachte sie in der Hose, die er jetzt trug, mit entsprechender Sorgfalt unter. Er sah ja nichts und hatte jeden Handgriff vorsichtig zu ertasten. Von der relativ neu wirkenden grünen Uniformhose musste er sich trennen, obwohl ihr strapazierfähiger Stoff bei Kälte einen gewissen Schutz zu bieten versprach. Das Hemd stopfte Karl in eines der Hosenbeine, das mit dem anderen dreifach verknotet wurde, so dass ein kompakter Textilklumpen entstand, der weit weniger Luftwiderstand bot als eine entfaltete Hose. Die passende Gelegenheit kam schneller als erwartet: Als der Zug wieder einmal auf freier Strecke vor einem Signal warten musste, polterte auf dem Gegengleis ein anderer Güterzug vorbei, der sich erst in der Beschleunigungsphase befand und somit noch entsprechend langsam fuhr. Karl öffnete seinen Verschlag und wartete gespannt auf einen offenen Güterwagen. Geeignet schien einer, der mit Heuresten oder Schrott beladen war; genau konnte man das in der Finsternis nicht ausmachen. Karl holte aus, schmiss den Stoffballen auf diesen Niederbordwagen und verkroch sich sofort wieder in seine kleine Festung. Nun war das hässliche Wehrmachtszeug mit undefiniertem Ziel unterwegs und man würde es im Ernstfall weitaus schwieriger zurück verfolgen können, als wenn es einfach irgendwo am Bahndamm läge. Das Unternehmen war gefährlich genug und das Risiko musste minimiert werden, wo immer sich die Möglichkeit dazu bot.

Allmählich graute der Morgen und der Zug ratterte mit unverminderter Gleichmäßigkeit weiter; manchmal verlangsamte sich die Fahrt auf einer Steigung, erreichte aber dann bald wieder das alte Niveau. Einmal hielt der Zug kurz auf freier Strecke,

bis er sich nach dem Hochschwenken des Flügel-
signals wieder schwerfällig schnaufend in den gewohnten Bewegungsrhythmus begab. Als die Häuser zahlreicher wurden und sich der herbstliche
Frühnebel leicht über das gerade wieder erwa-
chende Leben gelegt hatte, erkannte Karl die Vorläufer der Stadt Stuttgart. Jetzt war höchste Wach-
samkeit gefordert, denn der Waggon, der ihn bis
hier her gebracht hatte, wurde dort unweigerlich
abgekuppelt und es war wieder einmal kühnes Im-
provisieren angesagt, wobei die Angst, entdeckt
und alsbald vor das Standgericht gezerrt zu werden, wie ein Damoklesschwert[31] über ihm hing. Es
galt, am besten überhaupt keine Überlegungen
über die Konsequenzen anzustellen, die den kla-
ren und gesunden Denkprozess eher behindern,
als ihn in irgendeiner Form zu unterstützen. So
legte Karl die wenigen Utensilien griffbereit zusammen, die ihm seine „amtliche Würde" zurück verlei-
hen sollten.
Als sich der Zug verlangsamte und über abgelege-
ne Gleisstränge auf den Güterbahnhof zusteuerte,
waren plötzlich auf einem Behelfsbahnsteig viele
Menschen zu sehen; es handelte sich aber um keine gewöhnlichen Reisenden, sondern nur noch um
menschliche Kreaturen, die mit vor Angst verzerr-

[31] Der Legende nach war Damokles um 370 v. Chr. am
Hofe des Tyrannen Dionysios II. von Syrakus be-
schäftigt und sehnte sich sichtbar danach, auch selber an dem Luxusleben des Herrschers teilnehmen
zu können. Dieser reservierte ihm daraufhin beim
nächsten Gastmahl einen Platz, über dem jedoch ein
nur an einem Rosshaar befestigtes Schwert baumel-
te. Damokles soll daraufhin auf die soeben noch be-
gehrten Annehmlichkeiten verzichtet haben.
Das Damoklesschwert bezeichnet bildlich eine ständige Gefahr, die jederzeit ihr Unheil ausüben kann.

ten Gesichtern von ein paar Uniformierten zum Einsteigen in ein Dutzend bereitgestellte gedeckte braune Güterwagen gezwungen wurden. Man hörte einige gebrüllte Befehle und das Knallen von Peitschen, dann noch kurze Schreie und die Szene war vorüber. Das konnte keine Verladung von Soldaten sein; es musste in dieser neuen Gesellschaft, die ganz und gar auf Gewalt basierte, anscheinend Menschen geben, die noch weniger wert waren als junge Männer, die man kurz vor ihrem Abitur aus der Schule gerissen und in den schwachsinnigen Drill verpflanzt hatte, in dem es keine Gnade, wohl aber angebliches Heldentum und natürlich am Ende den „ganz sicheren" Sieg geben sollte, was jeder aus innerster Überzeugung zu glauben hatte, denn etwas anderes zu denken war bereits die Vorstufe zum Vaterlandsverrat mit den entsprechenden Konsequenzen.

Der Zug reduzierte seine Geschwindigkeit weiter und es war somit die volle Konzentration angesagt. Schließlich schlängelte sich der lange Wurm aus rußig verschmutzten Güterwagen mit spürbarem Holpern über eine letzte Weichenstraße, die ihn auf ein freies Gleis der Güterabfertigung leitete, wo er mit vernehmbarem Quietschen zum Stehen kam. Noch kurz davor setzte Karl die „Dienstmütze" auf, entriegelte seinen Verschlag und sprang drahtig wie ein langjähriger Eisenbahner mit dem Werkzeugpaket auf den Boden, wo er sogleich seines „Amtes" waltete und mit prüfendem Blick die Radlager der einzelnen Waggons zu untersuchen begann. Obwohl ihn ein innerer Druck nur in eine Richtung lenkte, nämlich nach Hause zu seiner Mutter, um sie wieder in die Arme zu schließen, konnte er diesem Trieb auf keinen Fall nachgeben, denn es wäre auf jeden Fall aufgefallen, wenn er sie jetzt schon wieder besucht hätte. Selbst in dem unwahrscheinlichen Fall, unbemerkt in die elterliche Wohnung zu gelangen, um sich dort für längere Zeit versteckt zu halten, würden die Lebensmittel, die seine Mutter für ihn mit erwerben müsste, nicht ständig unbemerkt bleiben und sie käme durch ihren eigenen Sohn in die größten Schwierigkeiten. Sein Ziel war noch viel kühner: Es zog ihn in die Schweiz zu seiner geliebten Lilo. Karl wollte ganz einfach das Angebot des Herrn Blünschli annehmen und in dem vertrauten Unternehmen arbeiten, so wie er es schon einmal während der Ferien für kurze Zeit und zu vollster Zufriedenheit gemacht hatte. Der Gedanke an seine Freundin zauberte für kurze Zeit ein Lächeln in das sorgenvolle Gesicht und Karl war sich bewusst, dass die Erfolgschance für ein derartiges Vorhaben in der Größenordnung von eins zu einer Million lag – oder vielleicht bei noch weit weniger. Er hatte keine Ahnung, wie er unbemerkt die Grenze überschreiten und zuerst einmal bis dorthin gelangen sollte. Er befand sich im Moment zwischen zwei abgestellten Güterzügen und schien weit und breit der einzige Mensch zu sein, bis er auf einmal einem Bahnbediensteten direkt gegenüber stand, der ihn mit barscher Stimme fragte, zu welcher Gruppe er gehöre und welche Arbeiten ihm zugeteilt seien.

Karl hatte in den vorangegangenen Monaten bei der Wehrmacht wahrlich nicht viel gelernt. Ihm war allerdings im Gedächtnis geblieben, dass dort Informationen anscheinend umso lauter weitergegeben werden mussten, je wichtiger sie waren. Da es in diesem Verein aber offenbar überhaupt keine normal wichtigen Meldungen gab, sondern gleichsam alles ganz furchtbar wichtig war, wurde im

Grunde immer gebrüllt. Außerdem hatte sich Karl eingeprägt, dass es sich bei dem Begriff *„kriegswichtig"* um eine Art Zauberwort handelt, das alles, was eigentlich kaum plausibel ist, sofort logisch und richtig erscheinen lässt, wenn man es nur sogleich in den geeigneten Zusammenhang bringt. So holte Karl unmerklich Luft und schmetterte heraus: *„Befehl vom obersten Reichsbahnministerium Berlin!* (gab es das überhaupt?) *Güterwagen mit kriegswichtiger Ladung müssen öfter überprüft werden. Wissen Sie das etwa nicht? Wie ist denn überhaupt Ihr Name?"* Der Mann, der eben noch die Wichtigkeit in Person gewesen war, stand plötzlich stramm, hielt die rechte Hand an die Mütze und stammelte etwas von *„Werner Hoffmann, drittes Ausbesserungswerk Stuttgart"*. Karl ging weiter und setzte einen Blick auf, als wolle er noch einmal Gnade vor Recht ergehen lassen. Der morgendliche Spuk war glimpflich abgelaufen und hatte den Blutdruck höher getrieben, als drei Tassen starker Kaffee dies hätten bewirken können. Eine zweite solche Begegnung würde bereits die Grenzen des Vertretbaren überschreiten. In diesem Punkt galt es also, noch um einiges stärker zu werden, aber man durfte die Rolle auch nicht übertreiben, denn alles, was zu dick aufgetragen wird, ist wiederum auffällig.

Das nächste Etappenziel bestand nun darin, einen Waggon ausfindig zu machen, dessen Fahrziel zu einem Grenzübergang in die Schweiz oder zumindest in dessen Nähe führte. Dank der durch die Deutsche Reichsbahn stets korrekt ausgefüllten Frachtzettel an allen Güterwagen schien dies eher eine von den leichteren Übungen zu werden. Die Schwierigkeit lag jedoch darin, dass man sich meist nur die Fahrroute genau merkt, die man selber einmal zurückgelegt hat, aber wenig von der Umgebung weiß, mit der man bislang nichts zu tun hatte. So fiel es Karl schwer, sich unter den oft für ihn unverständlichen Städteabkürzungen mit den internen Bezeichnungen für die Güterverladestellen etwas Konkretes vorstellen zu können. Er begab sich – immer noch mit dem ständig prüfenden Blick auf die Fahrgestelle sowie stets griffbereiter Ölkanne – mit seiner aufgesetzten wichtigen, da amtlichen, Miene in die Nähe der Ausgabestelle für Werkzeuge und Teile. Ihren Aufbau kannte er ja bereits, nur war die Ausführung in Stuttgart um einiges größer als in dem kleinen Ort, wo er sich tags zuvor mit dem Wichtigsten versorgt hatte; an den Namen erinnerte er sich schon gar nicht mehr. Da ein Zögern oder gar Umkehren schon wieder aufgefallen wäre, ließ er sich von dem Strom der „Kollegen" mit in den Raum ziehen und stellte sich bei der Warteschlange an. Als er an der Reihe war und der ältere Mann auf der anderen Seite, den man wohl zur Ausgabe der Utensilien eingeteilt hatte, weil er dem ständigen Bücken bei der Überprüfung der Radeinheiten nicht mehr richtig gewachsen war, mit mürrischem Ausdruck nach seinem Anliegen fragte, antwortete Karl keck: *„Ich brauche das aktuelle Abkürzungsverzeichnis für die Güterabfertigungen im südlichen Teil des Landes."* Das war sicher wieder ein Wagnis, aber was sollte man machen, um an die richtigen Informationen zu kommen? *„Einen Moment!"* entgegnete der Bahnbeamte, kramte eine halb zerfledderte Liste hervor und sagte teilnahmslos: *„Was anderes habe ich auch nicht! Wenn Sie nicht klar kommen, am besten mich wieder fragen; ich hab' das meiste noch im Kopf."* Karl setzte den Finger an die Dienstmütze, bedankte sich und verschwand mit dem alten Papiersatz an einen Ort, an den man in aller Regel alleine geht und wo man meist auch ungestört bleibt. Dort studierte er die dahinter steckende Logik und „knackte" schließlich das im Grunde ganz einfache System. Nun galt es, die wichtigsten Informationen gleichsam mit den Augen zu fotografieren, um nicht draußen immer wieder in der Liste blättern zu müssen, die ohnehin schon bald auseinanderfiel. Dann ging es auf die Suche und bald ließ sich das Ziel eines Güterwagens bereits aus ein paar Metern Entfernung ausmachen. Das geeignete Objekt schien ein offener Waggon zu sein, dessen Bremserhaus sich mit dem Vierkantschlüssel problemlos öffnen ließ. Das Finden dieses Wagens, der nach dem Plan der Reichsbahn allerdings erst in den Abendstunden Stuttgart verlassen sollte, stellte für Karl ein Erfolgserlebnis dar, das in ihm spürbar Glückshormone freisetzte. Leider wurde dieses angenehme Gefühl sogleich wieder gedämpft, als sich der noch vollkommen leere Magen meldete und unmissverständlich seinen Wunsch nach Auffüllung kundtat. Warum muss der Mensch so konstruiert sein, dass er auch in der höchsten Anspannung immer auch noch dieses primitive Verlangen entwickelt? Das Aufsuchen der Kantine oder dessen, was als solche bezeichnet wurde, bedeutete wieder eine Gefahr, aber Hunger ist ein Antriebsmittel, das ab einer gewissen Intensität sämtliche durch die Vernunft aufgebauten Bedenken zerstreut und nur noch Interesse für die Befriedigung des simplen Esstriebs zulässt. Karl hatte ja eigentlich genug Geld bei sich, dachte jedoch, dass er in der Reichsbahnkleidung bei der Einkehr in irgendeiner Gaststätte mehr auffiele als quasi ein Gleicher unter Gleichen. Außerdem würde er sein Kapital vielleicht auch noch für wichtigere Investitionen benötigen. So ließ er es sich wieder einmal an einem der abgewetzten Holztische neben der Essensausgabe schmecken und genoss die Bratkartoffeln mit den leicht fadigen Bohnen wie einen Festschmaus. Das Nahrungspaket gab es erst zu Beginn der Nachtschicht, aber vorerst war der Magen zufrieden. Zum Trinken reichte einfaches Wasser aus dem tropfenden Messinghahn des kleinen Beckens vor dem Toilettenraum.

Die Weiterfahrt war organisiert, nur die vielen Stunden bis zu ihrem Beginn mussten noch irgendwie herum gebracht werden. Dabei kamen wieder die Gedanken an seine Mutter auf, die er jetzt so schön besuchen könnte – und die Großmutter am besten gleich mit, aber so etwas durfte man unter den vorliegenden Umständen überhaupt nicht zu Ende denken, denn die Umsetzung wäre reiner Selbstmord mit lediglich leicht verzögertem Eintritt gewesen. Es erwies sich als gar nicht so leicht, ständig mit gespanntem und entsprechend wichtigem Blick die Fahrgestelle der Waggons zu überprüfen und dabei im Grunde nur darauf zu warten, dass es Abend wurde. Für einen Moment meldete sich die Idee, einfach ein paar Schaufenster in der stets belebten Bahnhofsgegend anzusehen, aber die Vernunft verwarf so etwas ganz schnell wieder, denn ein Bahnbediensteter, der sich tagsüber in Seelenruhe die Auslagen der Geschäfte ansieht, lenkt bestimmt die Blicke der Leute auf sich und unter den vielen, die im nächsten Moment wieder teilnahmslos weiter gehen, ist vielleicht doch einer, dem das merkwürdig vorkommt und der sich dann berufen fühlt, der Angelegenheit nachzuspüren; so etwas musste nun wirklich nicht sein. Also ließ Karl die zäh verstreichenden Stunden vorübergehen,

„besuchte" ganz unauffällig immer wieder einmal „seinen" Güterwagen und holte sich auch noch rechtzeitig zusammen mit einer warmen Suppe sein Fresspaket für die Nachtschicht, von dem er meinte, dass es ihm schließlich zustehe. Entsprechend ausgerüstet arbeitete er sich zu dem seit vielen Stunden ausgespähten Wagen vor, den er nun allerdings auf einem anderen Gleis fand – ein sicheres Zeichen dafür, dass er sich bald auf die Reise begeben würde; auf die Reichsbahn musste doch wenigstens Verlass sein! Der Aufstieg erfolgte in einem unbeobachteten Moment sowie im Schutz der bereits deutlich einsetzenden Dunkelheit. Auf den Pfiff wollte Karl diesmal nicht warten, denn er hatte sich überlegt, dass in jenem Augenblick vielleicht doch ein paar Augen mehr auf die einzelnen Waggons blicken könnten. Die bange Wartezeit, bis sich der Zug in Bewegung setzte, ging schließlich auch herum und es stellte sich wieder dieses Glücksgefühl eines soeben errungenen Etappensieges ein. Die Herbstluft war frisch und angenehm, obwohl die häufigen Dampfschwaden von der Lokomotive den Komfort der ersten Klasse nur schwer aufkommen ließen. Der Zug schien noch langsamer zu fahren als der von der vergangenen Nacht, denn die Strecke wies viele Steigungen auf, bei denen die Maschine ihr Bestes geben musste. Das bedeutete aber auch, dass die Richtung wohl stimmte, denn die Schweiz liegt ja bekanntlich etwas höher als Stuttgart. Wie selbstverständlich tauchte nun der Name dieses freien Landes in Karls Gedanken bereits auf, obwohl sein Erreichen noch ein größeres Problem darstellte als sämtliche bisher mit viel Glück und Gottes Hilfe gemeisterten Schwierigkeiten zusammen. Karl hatte sich vorgenommen, bei einer Zwischenstation einfach in seinem Häuschen zu bleiben, aber sich natürlich so zu ducken, dass man seinen Kopf von außen nicht sehen konnte. Solange er sich mucksmäuschenstill verhielt, war es schließlich sehr unwahrscheinlich, dass ein „Kollege" die Verriegelung des offiziell ungenutzten Bremserhäuschens öffnete und den Mitreisenden dabei entdeckte. Ein dienstbeflissenes Aussteigen konnte dagegen viel leichter zu der unangenehmen Frage führen, was er da mache und wer er überhaupt sei; außerdem musste man ja dann auch rechtzeitig und vor allem unbemerkt wieder einsteigen können. Ein ungewolltes Einschlafen passierte nicht noch einmal, weil einfach die Angst vor so einem Vorfall zu groß war und der Körper somit wach blieb; im Schlaf kann es immer zu unkontrollierten Geräuschen kommen, die man abgibt und die einen dann gnadenlos verraten.

So verstrich die Zeit mit ein paar einkalkulierten Stationen, an denen alles „nach Plan" ablief, und der Zug kam schließlich auf einem kleinen Güterbahnhof zum Stehen. Der Name des Ortes, der sich kurz erspähen ließ, da er zum Glück von zwei grellen Scheinwerfern angestrahlt wurde, deckte sich mit dem im Frachtschein eingetragenen Ziel. Karl war sofort hell wach, sprang fast schon routinemäßig mit seiner Gerätschaft kurz vor dem völligen Stillstand ab und ging seinen „Pflichten" als Eisenbahner gewissenhaft nach. Die Situation wirkte ähnlich, aber doch etwas anders als am Vortag. Von den Lichtverhältnissen her war es noch tiefste Nacht. So konnte man einmal die Lage zu erfassen versuchen und vielleicht bereits die Route in das gelobte Traumland ausfindig machen. Tatsächlich tauchten hin und wieder Züge auf, deren moderne E-Loks an der Seite unverkennbar die drei breiten und unterschiedlich langen Streifen trugen, welche die Buchstaben „B L S"[32] umgaben. Auffällig war, dass keiner der Wagen ein Bremserhaus aufwies. Außerdem wurden die Züge alle von elektrischen Lokomotiven gezogen, die viel schneller beschleunigten als die heimischen Dampfloks, wodurch an ein Aufspringen kurz nach Beginn der Fahrt überhaupt nicht zu denken war. Durch unbemerktes Studieren der Fahrziele und genaues Beobachten des Verkehrs ließ sich zwar das Ausfahrtsgleis ermitteln, aber es schien diesmal keinen Weg zu geben, dieses nach gewohnter Weise in einem kleinen Holz- oder Blechverschlag als blinder Passagier zu durchfahren. Außerdem wurde der Grenzbahnhof stark kontrolliert: An vielen Ecken lauerten teilweise uniformierte Männer, die scheinbar desinteressiert in die Gegend blickten, aber dabei jede Bewegung beobachteten. Die Strategie musste überarbeitet werden.

[32] Die BLS (**B**ern **L**ötschberg **S**implon Bahn) ist eine private Schweizer Eisenbahngesellschaft.

Angewandte Ingenieurskunst

Die einzige Chance bestand an der Ausfahrtstrecke; dort stand – fernab von dem hektischen Treiben der Güterabfertigung – ein Flügelsignal, das sich nach der Durchfahrt jedes Zuges schloss und meist erst kurz vor der Ausfahrt des nächsten auf *„freie Fahrt"* gestellt wurde. Hier konnte man vielleicht ansetzen: Das Signal musste auf *„Halt"* bleiben, so dass der Zug nach dem Verlassen des Güterbahnhofs noch einmal anhielt, dann wäre mit einer großen Portion Glück in der Kurve ein unbeobachtetes Aufsteigen vom Wald aus möglich; schließlich musste dann jemand *„freie Fahrt"* geben, damit der letzte und riskanteste Teil der Flucht beginnen konnte. Im Wunschdenken ging die Rechnung freilich auf, aber wie sollte sich so etwas realisieren lassen? Die Erfolgschance für ein solches Unternehmen schien noch weitaus niedriger als ein Millionstel zu sein – und wer sollte als Helfer fungieren? War dies das *„Ende der Fahnenstange"*, wo alles, das bisher so wunderbar funktioniert hatte, nun an einem unüberwindbaren Totpunkt angekommen war? Karl *musste* seine Lilo wiedersehen und deshalb *musste* ihm auch etwas einfallen. Er wollte einfach noch nicht sein junges Leben beenden, weder vor irgendeinem Standgericht der deutschen Wehrmacht noch im fernen Russland nach dem Beladen seines Gewissens mit unvorstellbaren Gräueltaten gegen die dort überfallenen Menschen. Er nahm sich zuerst einmal „Urlaub", weil er nichts überstürzen wollte. Eine kleine Kammer bei einem Bauern konnte gefunden werden, wo sich der junge Mann für „ein paar Tage" einquartierte; er gab sich – fast wahrheitsgemäß – als Beamtenanwärter bei der Deutschen

Reichsbahn mit sehr kleinem Anfangsgehalt aus, der noch ein paar Tage Alturlaub habe, die er gerne in dieser reizvollen Gegend verbringen wolle. Der alte Landwirt nahm den ihm entgegen gereichten Geldschein und fragte nicht viel. Ein Bett gab es nicht, wohl aber eine Art Pritsche, die beinahe der Körperlänge entsprach. Die Waschgelegenheit war der Brunnen, das Toilettenproblem durch den angrenzenden Wald geregelt. Zum Essen gab es Brot und Milch sowie der Jahreszeit entsprechend auch bereits Weintrauben – von allem reichlich.

In seiner neuen Behausung ging Karl das Problem an wie eine Physikaufgabe zum Abitur, das man ihm verwehrt hatte: Einen Helfer würde er nicht bekommen und außerdem müsste dieser ja im Stellwerk der Reichsbahn sitzen; somit schied der Plan, dass jemand das Signal für ihn zweimal umstellen oder einfach nur später auf *„frei"* schalten sollte, von vorn herein aus. Bei einem Überschreiten der Grenze zu Fuß in der für Karl vollkommen unbekannten Gegend würde er wahrscheinlich sofort von einem der Grenzer entdeckt werden und alles wäre schnell zu Ende. Die Idee mit dem Signal war bislang noch die beste, aber wie sollte man sie umsetzen? Mit seinem Werkzeug könnte Karl problemlos die Verbindung zu den Stelldrähten lösen und die gewünschte Stellung per Hand vornehmen – jedoch dann würde man im Stellwerk sofort den geringeren Hebelwiderstand bemerken und der Sache natürlich nachgehen; außerdem hätte er damit ein Signal außer Betrieb gesetzt, was den Zugverkehr gefährlich beeinflussen konnte. Schließlich reichte es ja noch gar nicht, das Signal vom Bahndamm aus einzustellen, denn es musste ja, nachdem der stehende Zug erklommen war, auf *„freie Fahrt"* sowie nach Passieren des

Zuges wieder auf *„Halt"* gestellt werden und dies schien schlichtweg unmöglich – in welche Richtung man auch dachte.

Wenn man den Aufbruch nun in einer nebeligen Herbstnacht wagte, konnte man vor das grüne Signallicht eine rote Lampe hängen und der Lokführer würde dieser mehr Beachtung als dem Flügel schenken, der gegen den nebelgrauen Nachthimmel ohnehin schwer auszumachen war. Dieses rote Licht müsste sich dann – ferngesteuert oder selbständig – auf Grünlicht umschalten, oder einfach abfallen, denn dann käme ja das zuvor verdeckte grüne Licht zum Vorschein. Niemand im Stellwerk würde etwas bemerken, denn die Drahtseile zur Signalsteuerung würden ja gar nicht bewegt. Karl arbeitete geistig angestrengter als in einer Klassenarbeit, bei der man als Schüler seinem Ehrgeiz freien Lauf lässt. In seinen Gedanken könnte ein Reisewecker, den man auf etwa acht Minuten einstellte, dann vielleicht den Stromkreis zu einem Magnetschalter freigeben, über den das Ausschalten und gleichzeitige Abfallen der roten Lampe zusammen mit der kompletten Schalteinheit bewerkstelligt würde. Alles schien bei weitem zu kompliziert und damit kaum realisierbar zu sein. Was hätte wohl sein Vater in dieser Situation versucht? Für ihn wäre bestimmt eine Lösung zu finden gewesen! Hatte der Sohn denn von diesen Ingenieurfähigkeiten überhaupt nichts geerbt? Karl grübelte weiter: Vielleicht könnte man einen dünnen Draht unter Batteriespannung setzen (Batterien besaß er ja noch genug aus dem ersten Werkzeugdepot, das er bei der Reichsbahn aufgesucht hatte), bis dieser durchbrannte; wenn man die Stromversorgung der roten Lampe auch über den

Schmelzdraht legte, würde diese automatisch erlöschen, sobald die Leitung an einer Stelle durchgeschmolzen wäre. Schließlich müsste man die ganze Apparatur mit diesem Draht am Signalflügel aufhängen; dann würde sie mit dem Erlöschen des Rotlichts abfallen und das Signal zeigte *„freie Fahrt"* an, als wäre nie eine Manipulation vorgenommen worden. Diese Idee war in sich rund und es ergaben sich immer weitere Detailprobleme sowie bald darauf auch die passenden Lösungen. Es ist erstaunlich, wozu das menschliche Gehirn fähig ist, wenn einem die Not im Nacken sitzt und unter allen Umständen ein Ausweg gefunden werden *muss*. Die gesamte Vorrichtung ließe sich also über den schräg nach oben zeigenden Signalflügel hängen – und zwar an dem zuvor unter Strom gesetzten Schmelzdraht; dann hätte man einige Minuten bis zu dessen Durchbrennen und könnte während dieser Zeit „in aller Ruhe" den haltenden Güterzug erklimmen. Um alles noch einmal ganz konzentriert überdenken zu können, zeichnete Karl einen sauberen Schaltplan, dessen Original leider nicht mehr erhalten ist; lediglich ein Nachdruck existiert noch.

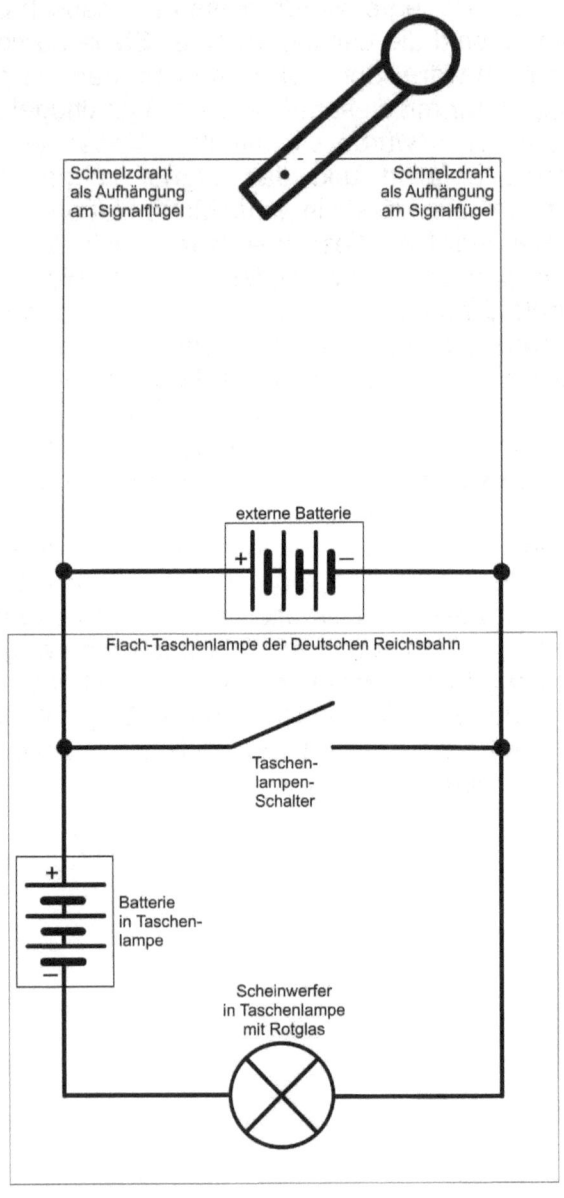

Schmelzdraht
als Aufhängung
am Signalflügel

Schmelzdraht
als Aufhängung
am Signalflügel

externe Batterie

+ | − |

Flach-Taschenlampe der Deutschen Reichsbahn

Taschen-
lampen-
Schalter

+

−

Batterie
in Taschen-
lampe

Scheinwerfer
in Taschenlampe
mit Rotglas

Natürlich konnte der Signalmast nicht in ein paar Sekunden durch Klettern bezwungen werden, aber ein Apfelpflücker, der in dieser Jahreszeit fast überall zu bekommen war, ohne dabei irgendwelches Aufsehen zu erregen, könnte als geeignetes Werkzeug dienen.

Der Plan stand. Nun galt es, ihn möglichst treffsicher umzusetzen. Am liebsten wäre Karl mitten in der Nacht losgerannt, um sich die benötigten Hilfsmittel zu besorgen, aber auch diese Schritte mussten wohl überlegt sein, damit keine Fragen aufkommen konnten. Eine Flach-Taschenlampe, vor deren Leuchtfläche sich rotes, grünes oder sogar blaues Glas schieben ließ, gehörte bereits zu Karls „Grundausstattung", weitere Batterien ebenfalls. Nun brauchte er noch einen Schmelzdraht und kontaktsichere Befestigungen für die Kabel. In einem Baugeschäft konnte er am nächsten Tag für ein paar Reichspfennige wenige Meter Telefonkabel und eine defekte Türklingel erwerben, deren Spulendraht sich abwickeln und in genau der Länge verwenden ließ, wie es für das Durchbrennverhalten zeitlich am günstigsten war. Zum Befestigen der Kabel eignete sich Hansaplast sowie eine Schachtel mit Büroklammern; beides besorgte man im Haushaltswarengeschäft, ohne dass irgendjemand hätte Verdacht schöpfen können. Als Behelfswerkstatt diente ein Platz am Misthaufen des kleinen Gehöfts, wo Karl mit Erlaubnis der Bäuerin „ein wenig basteln" durfte. Als sie dann doch plötzlich fragte, was das denn werde, erklärte der „Sommerfrischler" bescheiden: „Bei unserer guten Reichsbahn läuft zurzeit ein Ausschreiben zur Verbesserung der Signalsicherheit, bei dem ich gerne mitmachen möchte; mit etwas Glück geht es dann vielleicht schneller mit meiner Verbeamtung und *ich kann nach der Pflicht am Vaterland bereits daran denken, selbst eine Familie zu gründen.*" Die Bauersfrau lächelte und sagte anerkennend: *„Es ist schön, wenn es junge Menschen gibt, die so zielstrebig nach vorne blicken. Da kann man sich ja direkt geborgen fühlen.*" Damit war auch dieser kurze Dialog beendet und der Forscher konnte sich wieder mit voller Konzentration seinem Projekt widmen. Die vom Prinzip her eigentlich einfache Schaltung, die der Form einer Acht ähnelte, war rasch aufgebaut und die zweite Batterie wurde angeschlossen. Die Taschenlampe, deren Ein-Ausschalter durch den Draht überbrückt worden war, der gleichermaßen von dem durch die andere Batterie gespeisten Kurzschlussstrom durchflossen wurde, leuchtete hell und der Draht gewann fühlbar an Temperatur, bis er nach knapp zehn Minuten schließlich an einer Stelle durchschmolz. Im selben Moment blitzte die Glühbirne noch einmal grell auf und war gleich darauf ebenfalls durchgebrannt. Dieser Effekt kam völlig unerwartet und erwies sich überdies als sehr störend, denn eine Steigerung der Helligkeit des roten Lichts kurz vor dem „Umschalten" auf Grünlicht war auffällig und somit verdächtig, also in gar keiner Weise zweckdienlich; außerdem würde ja das Rotlicht noch leuchten, wenn es sich bereits im freien Fall befände – als ob es die Aufmerksamkeit gezielt anziehen sollte! Karl grübelte, wie diese unvermutete Wirkung eintreten konnte. Dann fiel ihm auf, dass er die Außenbatterie so herum angeschlossen hatte, dass es nach dem Durchbrennen des Drahts zu einer Reihenschaltung zwischen der Spannungsquelle innerhalb und der zweiten außerhalb der Taschenlampe gekommen war, so dass sich deren Spannungen addierten, was zu einer Überlastung des Glühfadens führte. Also musste die Schaltung nochmals aufgebaut und eine neue Glühbirne besorgt werden; letzteres geschah auf dem ganz offiziellen Weg im Geschäft, denn ein „Besuch" im Werkzeuglager der Reichsbahnstation schien zu gefährlich. Man soll das Glück schließlich nicht herausfordern. Taschenlampen gab es bereits in den meisten Haushalten, in denen offene Kerzen wegen ihrer Brandgefahr als Notbeleuchtung ausgedient hatten, und somit war der Erwerb von Ersatzbirnen etwas fast Alltägliches.

Nun wurde die Außenbatterie umgepolt angeschlossen, so dass sich nach dem Durchbrennen des Schmelzdrahts ihre Spannung mit der der Innenbatterie aufhob und die Glühbirne nicht einmal glimmte. Um die Batteriekapazitäten zu schonen, wurde das Durchbrennen lediglich durch Lösen des Kontakts zum Draht simuliert. Jetzt funktionierte alles bestens und es bestätigte sich wieder einmal die alte Weisheit: *„Probieren geht über Studieren."* Auch wenn man eine ganze Nacht über eine noch gar nicht einmal so komplizierte Schaltung nachgedacht hat, kann einem doch ein Denkfehler unterlaufen, der sich dann fatal auf das Vorhaben auswirkt. Es ist also bei jeder auch noch so einfachen Entwicklung ratsam, alle einzelnen Details mit größter Sorgfalt *experimentell* zu überprüfen – sofern die gegebenen Umstände dies zulassen.

Das Eisenbahnsignal selbst konnte bei den Versuchen natürlich nicht benutzt werden. Als Karl daran dachte, fiel ihm siedend heiß ein weiteres Problem ein: Der Signalflügel war ja aus Metall, leitete Wärme also recht gut. Wenn nun der Schmelzdraht direkt auf diesem Material lastete, konnte die Hitze des Drahts doch über den Flügel so weit abgeleitet werden, dass es zur Erschöpfung der Batterie kam, bevor der Draht durchgebrannt war. Also isolierte der Jungforscher den Draht mit ein paar dunklen Stoffresten, die ihm die Bäuerin bereitwillig schenkte. Sogar ihr Nähzeug durfte der „Sommergast" benutzen. Die freundlichen Worte der Landfrau waren: *„So habe ich wenigstens auch ein klein wenig zur Sicherheit bei der Bahn beigetragen."* Aus dem Rest des fast schwarzen Textilstoffs machte Karl eine Art Abschirmung, aus der er nur noch die Lichtblende seiner Taschenlampe herausragen ließ; dies war notwendig, damit ein Abstrahlen des „natürlichen" grünen Lichts vom Signal später auf alle Fälle verhindert wurde. Nun musste noch die Generalprobe vollzogen werden. Als Ersatz für den Signalflügel diente eine stumpfe Sense, die an der Hauswand lehnte. Karl wartete, bis im Haus alles schlief – einerseits weil er keine Zuschauer haben wollte, zum anderen dann die Außentemperatur und Luftfeuchtigkeit etwa auf demselben Niveau liegen würden wie im bevorstehenden Ernstfall. Das Experiment zeigte, dass trotz sorgfältigsten und wiederholten Durchdenkens der Abläufe immer wieder etwas anders kommen kann als zuvor geplant: Der verwendete Stoff erwies sich als wenig rutschfest und es bestand die Gefahr, dass die Vorrichtung auf dem bei freier Fahrt um etwa 45 Grad nach oben geneigten Signalflügel einfach an den Mast rutschen würde und somit rotes und grünes Licht gleichzeitig zu sehen wären. Also musste das tollkühne Unternehmen um einen weiteren Tag verschoben und ein alter Fahrradschlauch beschafft werden, dessen Gummi dann den nötigen Haftreibungskoeffizienten aufweisen würde. Ein solcher Schlauch fand sich durch Zufall in einer Mülltonne, aus der er sogar halb heraus hing – richtig einladend. Ein Stück davon wurde über den schwarzen Stoff gezogen und an der Stelle, die später am Flügel des Formsignals aufliegen sollte, zusammengenäht, so dass ein Knick entstand, der sicheren Halt versprach; auch die Abschirmung erhielt eine Gummiverstärkung, weil die grelle Signallampe das Textilgewebe trotz dessen dunkler Farbe zu leicht durchscheinen konnte. Nach Einbruch der Dunkelheit wurde die Generalprobe ein zweites Mal durchgeführt. Diesmal gelang alles beim ersten Versuch: Die Taschenlampe, vor deren Lichtaustritt die rote Glasscheibe geschoben war, leuchtete mit voller Kraft. Der Schmelzdraht wurde mit der Gummiummantelung über das Schneideblatt der am Ende des Griffs in den Boden gesteckten Sense gehängt und die Zeit nach Bauchgefühl „gestoppt". Nach knapp zehn Minuten war der Draht entzwei und die komplette Apparatur fiel mit dumpfem Schlag in den Rasen, begleitet von einem leichten Geruch nach heißem Gummi. Sofort wurden die Batterien abgeschaltet, denn deren chemische Energie war schließlich kostbar. Die Glühbirne hatte den Sturz ins Gras aus nicht einmal zwei Metern Höhe problemlos überstanden. Obwohl alles bestens funktioniert hatte, schlich sich doch ein neues Bedenken ein: Der Sockel des Signals war aus Stein; zwar würde die Schaltanlage nach dem Abfallen nicht mehr benötigt, konnte also dabei ruhig kaputt gehen, aber auf hartem Boden wäre der Aufprall deutlich lauter und würde den wartenden Lokführer vielleicht irritieren und zum Erstatten einer Meldung veranlassen, denn schließlich produzierte seine E-Lok ja im Gegensatz zu einer Dampflokomotive so gut wie überhaupt keine Standgeräusche. Es war also keineswegs überflüssig gewesen, die ganze Prozedur noch einmal praktisch durchgespielt zu haben. Somit machte sich Karl am nächsten Tag auf den Weg zu „seinem" Signal und maß zuerst mit dem soeben erworbenen teleskopartig ausziehbaren Apfelpflücker ganz schnell den Abstand zwischen Flügeloberkante und der Mitte des Lichtaustritts. Man konnte sich die entscheidende Stelle an der Stange leicht merken und unmittelbar danach die Länge mit dem Zentimetermaß ermitteln. Der Pflücker wurde vollkommen unauffällig am Stamm einer Tanne platziert. Anschließend sammelte Karl das Moos, das er dann bei Einsetzen der Dämmerung auf dem Signalsockel auslegte, um den Schall des Aufpralls zu dämpfen. Sicherheitshalber wurden „daheim" die Batterien gegen die noch unbenutzten ausgetauscht, die sich beim ersten Depotbesuch hatten „organisieren" lassen – oder sollte man sagen „requirieren", wie es der Militärjargon vornehm formuliert, wenn etwas entwendet wird, das einem nicht gehört? Dort wird dann allerdings noch ein entsprechender und in aller Regel völlig wertloser Schein ausgestellt, damit alles seine „Ordnung" hat. Nach der genauen Anpassung der Schmelzdrahtlänge anhand des zuvor genommenen Maßes, die nur um gerade einmal sechs Zentimeter verkürzt werden musste, dachte Karl das ganze Geschehen noch einmal mit aller Sorgfalt durch und glaubte, nichts übersehen zu haben.

Das Wagnis

Es war nun an diesem fast windstillen Abend richtig dunkel geworden und die immer häufiger auftretenden leichten Nebelschwaden als Vorboten des Herbstes hatten sich eingestellt. Karl machte sich, natürlich ohne Abschied von den Bauersleuten, was ihn bei dem guten Benehmen, das er im Elternhaus gelernt hatte, ein wenig wurmte, mit seinen paar Habseligkeiten auf den Weg in das nahe gelegene Wäldchen, durch das der Güterzug fahren würde, bei dem eine Mitfahrgelegenheit das Ziel aller Träume bedeutete. Die gebastelte Apparatur wirkte vollkommen unauffällig und das Hauptaugenmerk fiel auf die große kartonartige Taschenlampe, aber was sollte schon verdächtig dabei sein, wenn ein junger Bahnbediensteter bei Dunkelheit eine Original-Handlampe der Reichsbahn mit sich trug? Bei Helligkeit hätte natürlich die rosafarbene Gummiumwickelung die Aufmerksamkeit erregt, aber diese konnte man nun kaum noch erahnen. Fahrradschläuche waren damals nicht einfach grau, sondern wurden in dieser typischen dunkelrosa Gummifarbe ausgeführt. Wenn alles planmäßig ablief, musste der Güterzug wieder kurz nach 21 Uhr das Ausfahrtssignal passieren. Karl prüfte noch einmal, ob die Bemoosung des Signalsockels unverändert war, holte dann seinen Apfelpflücker, dessen Länge sich so weit ausziehen ließ, dass der Signalflügel, der die Tannen des angrenzenden Waldstücks deutlich überragte, problemlos erreicht werden konnte. Er war so auf sein Projekt konzentriert, dass er überhaupt keine Aufregung spürte. Das innere Gefühl glich dem in einer Klassenarbeit, auf die man sich gut vorbereitet hatte und bei der dann genau das Gelernte drankam. Sobald die nahe Turmuhr neun Mal schlug und dann noch vier Mal in einem etwas tieferen Ton, begab sich Karl mit dem Pflücker, auf den er seine Apparatur vorsichtig gehängt hatte, in die Nähe des Signals und wartete im schützenden Wald. Nach einer gefühlte Ewigkeit vernahm er ein kurzes Surren der neben dem Gleis verlegten Drahtseile und der Signalflügel hob sich auf *„freie Fahrt"*. Karl schaltete beide Stromkreise seiner Apparatur frei und die Taschenlampe leuchtete verdammt auffällig in den Wald hinein; ihr grelles Rot konnte an diesem Ort wahrlich kein Fahrradrückstrahler sein. Er lief zum Signal und dirigierte seinen Pflücker in die richtige Richtung; ganz vorsichtig fädelte er den dünnen Schmelzdraht mit dem darauf gezogenen Schlauchstück über den schräg zum Nachthimmel ragenden Signalflügel und setzte die Pflückerstange schließlich ab. Nun war noch eine leichte Korrektur der Position erforderlich und die rot leuchtende Handlampe hing genau vor dem grünen Licht des Bahnsignals, das einen Moment zuvor noch zum direkten Durchfahren aufgefordert hatte. Der Tüftler ging jetzt ohne jedes hinderliche Gepäck den Waldrand entlang bis zu jener kaum einsichtigen Stelle, die er sich bereits ausgesucht hatte, an der man ihn noch nicht einmal vom Güterbahnhof aus sehen konnte, er aber das Signal gerade noch im Auge behielt. Ein Blick zurück zeigte ein ganz normales Rotlicht am Bahndamm, während sich der nach oben weisende Flügel vor dem mittlerweile schon recht nebeligen Himmel kaum noch abhob. Gegenüber den dunklen Bäumen wäre der Kontrast größer gewesen. Es schien nicht weiter verwunderlich, dass das Rotlicht so „natürlich" wirkte, denn die verwendete Lampe war ja schließlich so konzipiert, dass man damit notfalls einen Zug stoppen konnte, musste also „echt" aussehen. Zur Freude an dem gelungenen Kunstwerk blieb jedoch keine Zeit, denn die leichten Vibrationen am Gleiskörper verrieten bereits das Näherkommen des noch mit geringem Tempo fahrenden Zuges. Er beschleunigte nicht wie sonst an dieser Stelle, sondern bremste tatsächlich wieder ab und kam an dem manipulierten Formsignal wie planmäßig zum Stehen. Karl suchte sich eine Stelle zwischen zwei Güterwagen aus, die er leicht erklimmen konnte; die Hände hatte er ja nun beide frei. In Ermangelung eines „komfortablen" Bremserhäuschens musste er mit einer Art Behelfsreling Vorlieb nehmen, an die er sich klammerte. Er riskierte wieder einen Blick auf das Signal und es überfluteten ihn die bangen Gedanken, was werden würde, wenn die neu eingesetzten Batterien durch Zufall doch ein wenig schwächer waren als der erste Satz, mit dem bei der Generalprobe alles bestens funktioniert hatte. Vielleicht war die Luft oben am Signal, ein paar Meter über dem Erdboden, bereits kühler als auf Augenhöhe, so dass der Draht einfach nicht durchbrennen wollte, obwohl die Stoff- und Gummiummantelung eigentlich auch gegen Kälte von außen isolierend wirkten. Wenn nun doch plötzlich Wind aufkäme, könnte dieser die Apparatur so verschieben, dass die grüne Signallampe nicht mehr richtig überdeckt würde. Was wäre schließlich, wenn es trotz aller Theorie doch nicht zum Durchbrennen des Drahts käme? Der Lokführer darf an einem Haltesignal unter gar keinen Umständen vorbeifahren, nur weil die Haltstellung vielleicht unplanmäßig ist; er ginge also zum nächsten Streckentelefon, um beim Stellwerk nachzufragen, warum er keine freie Fahrt bekäme. Dort würde man verwundert die Hebelstellungen überprüfen und dann einen Trupp zur Störungsbehebung entlang der Stellseile bis zum Signal schicken, der dann alles entdecken und im nächsten Moment den Zug inspizieren würde. Sollte man in diesem Fall besser sofort wieder abspringen und in den Wald flüchten oder darauf hoffen, vielleicht unentdeckt zu bleiben? Während Karl mit bangem Blick von der Ferne auf sein Werk all diese Horrorszenarien geistig durchspielte, wurde ganz plötzlich aus dem permanent angepeilten roten Punkt ein grüner und vom Rotlicht war nichts mehr zu sehen. Das Aufschlagen der Apparatur war aus der Entfernung von fast fünfzig Metern allenfalls zu erahnen, was wahrscheinlich auch nur Einbildung war, und konnte in Signalnähe durchaus auch ein Dehngeräusch der Drahtseile sein. Das Gummimaterial des herumgewickelten Fahrradschlauchs ergab im Zusammenspiel mit der dicken Moosschicht eine geradezu perfekte Schalldämpfung; außerdem herrscht ja bekanntlich im Wald zu nächtlicher Stunde keinesfalls Friedhofsstille, sondern eine ständige Kommunikation der sich permanent bewegenden Tierwelt generiert ihre Geräusche, in denen durchaus manches andere untergehen kann, sofern es leise genug ist. Alles hatte so gearbeitet, wie es sollte! Als der Zug einen Moment später tatsächlich anfuhr, sprach Karl im Stillen ein kurzes Dankgebet; die Hände konnte er allerdings nicht dazu falten, denn die brauchte er beide zum Festhalten. Die Fahrt wurde rasch schneller, weil der Zugführer vielleicht das unplanmäßige Warten am Ausfahrtssignal wieder aufholen wollte, und der blinde Passagier befand sich in einer wahrhaft lebensgefährlichen Position, bei der ein Haltverlust oder das Erlahmen der Handmuskeln den sicheren Tod zwischen Gleisschwellen und Räderwerk bedeutet hätte, aber er war nach wie vor „*seines Glückes Schmied*" und das Eisen, das er dabei bearbeitete, ließ bereits die gewünschte Form erkennen. Beim Passieren des Formsignals versuchte Karl, noch einen letzten Blick auf die nun am künstlich bemoosten Sockel liegende Apparatur zu werfen, deren Entwicklung so viel Kopfzerbrechen gekostet hatte, aber erstens war es stockdunkel und außerdem fuhr der Zug bereits so schnell, dass man auch bei Helligkeit wohl keine Einzelheiten erkannt hätte.

Das Kapitel war abgehakt und nun musste der Blick auch schon wieder nach vorne gerichtet sein – auf das nächste zu meisternde Problem. Als der Wald aufhörte und sich die Menge der Häuser verdichtete, vermutete Karl, den Grenzübergang zu passieren, und das Geräusch der gleichmäßig rotierenden Räder erinnerte ihn an die oft gehörte Parole: „*Die Räder rollen für den Sieg.*" Wenn das alles gut ausging, war es tatsächlich ein unglaublicher Sieg – sein eigener. Er musste grinsen; laut zu lachen traute er sich nicht, denn man wusste schließlich nie, wo überall Ohren sein konnten. Vorzeitiger Übermut oder gar Leichtsinn hatten schon manches kühne Unternehmen im letzten Moment durchkreuzt und damit genau das eingeleitet, dem der Agierende entkommen wollte. Somit konzentrierte sich Karl auf das Halten seiner Position, die ein ständiges Ausbalancieren des Körpers verlangte, als er plötzlich erschrak: Die Lokomotive stieß einen kurzen, aber schrillen Pfiff aus und der Lokführer bremste auf freier Strecke, ohne dass in der schwach bewaldeten ländlichen Gegend mit immer wieder leichten Steigungen irgendein Haltepunkt in Sicht war. Das Bremsen wurde aber nicht stärker, sondern ließ bald nach und der Güterzug beschleunigte wieder, obwohl es bergauf ging. Dann sah Karl das helle Hinterteil eines Rehs, das eilig vom Bahndamm weg in Richtung des Waldes lief. Hatte der Lokführer nur abgebremst, um das Tier bei seiner Gleisüberquerung nicht in Gefahr zu bringen? Der Schweiß auf der Stirn war so heftig ausgetreten, dass sogar zwei Tropfen spürbar abfielen. Der um die Ecken wirbelnde Fahrtwind tat sein Übriges, um durch die schnell trocknende Wasserbenetzung ein Kältegefühl zu erzeugen, das sich nicht gerade angenehm anfühlte. Die weitere Fahrt verlief ohne Zwischenfälle und als der Zug erneut abbremste, waren bereits so viele Bebauungen zu sehen, dass man sich unmissverständlich einem Haltepunkt näherte – einem Haltepunkt in der Schweiz! Karl hatte die Landesgrenze illegal überquert, aber waren seine Kameraden ein paar Tage zuvor vielleicht legal in die Sowjetunion eingedrungen? Er verfolgte auf jeden Fall keinerlei destruktive Absichten! Trotzdem galt er aus Sicht des Regimes als der Abschaum, während die anderen als Helden angesehen wurden; es wirkt schon verrückt, wenn man solch eine „Logik" durchzudenken beginnt. So wie man es heute den Abgeordneten im Parlament eigens zubilligt, ist der Mensch in erster Linie seinem Gewissen verantwortlich und dem gegenüber hatte Karl die volle Pflicht erfüllt, sich nämlich von Handlungen fern gehalten, die er mit dieser inneren Stimme nicht vereinbaren konnte. Der geleistete Eid als Soldat kam in der Priorität erst viel später und hatte überdies keine Gültigkeit, weil er schließlich unfreiwillig abgelegt worden war.

Nach dem Halt an der kleinen Bahnstation, deren Namen er im Licht einer grellen Bogenlampe kurz erspäht hatte und der wirklich zur Schweiz gehör-

te, sprang der „Bahnbedienstete aus Deutschland"
schwungvoll ab und rieb sich die Hände, die während
der gesamten Fahrt buchstäblich sein Leben
festgehalten hatten. Er trottete neben den Gleisen
entlang und versuchte, sich in der Dunkelheit zu
orientieren, als er zwei Schweizer Polizisten direkt
in die Arme lief, die ihn höflich aber bestimmt frag-
ten, was er als Angehöriger der deutschen Reichsbahn hier in der Nacht mache. Nun halfen keine
kernigen Sprüche über kriegswichtige Überprü-
fungsarbeiten, sondern Karl glaubte, endlich wieder einmal gegenüber Organen der Obrigkeit die
Wahrheit sagen zu können, was er direkt genoss.
Die Reaktion war jedoch keine Anerkennung, sondern ein eher unwirsches *„Sie kommen erst einmal
mit!"* In einer Holzbaracke wurde Karl von zwei
weiteren Beamten verhört und man fragte ihn nach
seinen Personalien, weshalb er aus Deutschland
geflohen sei und ob er vielleicht zur jüdischen Reli-
gionsgemeinschaft gehöre. Er wusste, dass die
Schweiz keineswegs besonderen Wert auf politi-
sche Flüchtlinge legte und manchmal durchaus
Menschen, die es geschafft hatten, sich in diesem
sonst so lieblichen Bergland in Sicherheit zu bringen, kurzerhand der Gestapo[33] meldete und ganz
offiziell am nächsten Grenzübergang übergab, was
für die Betroffenen meist den sicheren Tod bedeutete. Karl spürte, dass nun nach dem praktischen
Teil seiner Prüfung der mündlich abgehaltene the-
oretische begonnen hatte. Er blieb äußerlich voll-

---

[33] Die *„Gestapo"* (**Ge**heime **Sta**ats**po**lizei) war quasi ein
Staat im Staate, der – ähnlich wie später die *„Stasi"*
(**Sta**ats**si**cherheitsdienst) der DDR – zu verhindern
hatte, dass irgendwelche gedanklichen oder fakti-
schen Aktivitäten aufkommen konnten, die den Re-
gierungsinteressen entgegen standen.

kommen ruhig, erklärte, dass er an der Invasion in die Sowjetunion nicht teilnehmen wollte, um sich keiner Verbrechen schuldig zu machen, und fügte hinzu, dass er in der Schweiz bereits Arbeit habe und bei dem Unternehmen Blünschli benötigt werde, wo er schon als Schüler des Öfteren ausgeholfen habe. *„Wir werden das alles überprüfen"* sagte einer der Beamten und verschwand. *„Ihr lasst den Fremden nicht aus den Augen!"* rief er beim Verlassen des winzigen Raumes seinen Kollegen zu. So vergingen die Minuten sehr schleppend, während Karl nicht wusste, in welche Richtung er schauen sollte und welche Gesichtsmimik angebracht sei. Sechs Augen waren auf ihn gerichtet und er hatte nichts zu tun, als nur unverdächtig zu wirken; man glaubt gar nicht, wie schwer das ist. Außerdem empfand er nach dem allmählichen Abflauen der seelischen Anspannung während der Flucht schon wieder aufkommenden Hunger und sehnte sich nach einem großen Schluck frischer Kuhmilch mit einem Klumpen dieses herrlichen selbst gebackenen Brots, das er in den vergangenen vier Tagen bei seinen Vermietern hatte genießen dürfen. Die Gedanken an diese nur allzu irdischen Genüsse ließen Karls Gesicht harmlos und auf keinen Fall unsympathisch erscheinen. Dann öffnete sich die quietschende Holztür und der Verhörbeamte, der wohl in der Zwischenzeit telefoniert hatte, trat wieder ein. Er wirkte relativ entspannt und sagte nur: *„Das stimmt alles so, Herrn Blünschli konnte ich erreichen und der holt unseren Freund in der nächsten Stunde hier ab."* Karl fiel ein Stein vom Herzen und er fühlte sich so gelöst wie schon lange nicht mehr. Dann musste er den Beamten erzählen, wie er es geschafft hatte, auf den Güterwagen zu steigen, ohne dabei von den Wachposten bemerkt worden zu sein. Ein Protokoll wurde gar nicht geschrieben; offenbar war die ganze Geschichte so ungewöhnlich, dass man sie sich sofort merkte, ohne einzelne Details dazu aufzeichnen zu müssen. Natürlich ermahnte man ihn, durch sein Handeln einen unerlaubten Eingriff in den Schienenverkehr getätigt zu haben, der strafbar sei – allerdings in Deutschland und dort sei er ja nun nicht mehr.

Nach etwa fünfzig Minuten war vor der Baracke das unverkennbare Geräusch eines haltenden Mercedes 170 V[34] zu hören und kurz darauf betrat Vater Blünschli – ein wenig verschlafen und nur provisorisch angekleidet – den Raum. Als er Karl in seiner Eisenbahneruniform sah, musste er herzhaft lachen. Er sagte nur: *„Dann komm einmal mit, du Teufelskerl!"* Nach einem beinahe freundlichen Abschied von den vier Polizeibeamten stieg Karl in den Wagen, den er von den letzten Ferien noch kannte, und Herr Blünschli startete den Motor. Während der nächtlichen Fahrt durch die kaum frequentierten Landstraßen wurde wenig gesprochen. Herr Blünschli musste aufpassen, in der völlig unbeleuchteten Umgebung mit seinen eher funzeligen Scheinwerfern nicht vom Weg abzukommen. Bei dem leicht rumpelnden Überqueren eines beschrankten Bahnübergangs glaubte Karl, die Eisenbahnstrecke wiederzuerkennen, die er erst vor einer guten Stunde auf dem Schienenweg „benutzt" hatte, aber ganz sicher war er sich nicht.

---

[34] Der *Mercedes 170 V* war ein PKW der Mittelklasse und wurde von 1936 bis 1953 mit kriegsbedingter Unterbrechung von 1942 bis 1946 gebaut.
Das „V" bedeutete, dass der Motor **v**orne eingebaut war, da es auch einen *„170 H"* mit **H**eckmotor gab.

Aufnahme wie in der eigenen Familie

An der Haustür empfing Frau Blünschli die beiden und umarmte Karl wie bei der Heimkehr des verlorenen Sohnes. Ihm war das ein wenig peinlich, denn er hatte seit Tagen dieselbe Kleidung an, in der mancher Tropfen Angstschweiß versickert war, und die wohl nicht mehr wie frisch gewaschen duftete. Im Hintergrund stand Lilo; sie trug wieder ein Dirndl und hatte kräftig rosa geschminkte Lippen in genau dem Farbton, der auch auf ihrem Kleid dominierte; war das Zufall oder gezielt eingesetztes modisches Fachwissen? Und das um diese Uhrzeit kurz vor Mitternacht! Sie musste sich eigens für den Empfang noch einmal *„in Schale geworfen"* haben. Ihr Blond wirkte intensiver und auffälliger als in Karls Erinnerung, was die Folge der vergangenen sonnenreichen Tage oder die geübte Hand eines Friseurs gewesen sein konnte, der sein Handwerk gut verstand. Karl hätte sie auch wunderschön gefunden, wenn sie grasgrüne Haare gehabt und nur in einen alten Kohlensack gewickelt gewesen wäre. Trotz der nächtlichen Stunde hatte Frau Blünschli eine kleine Mahlzeit vorbereitet und Karl neben Lilo platziert. Diese Geste war wohl sicher gut gemeint, aber ganz und gar nicht in seinem Sinn, denn er konnte ja schließlich seinen Kopf nicht ständig um 90 Grad drehen, um sein Traummädel ansehen zu können! Was hätte er darum gegeben, ihr *gegenüber* sitzen zu dürfen? Aber angesichts der gelungenen Flucht hatte er schließlich allen Grund, glücklich zu sein, was er auch aus tiefstem Herzen war. Im Grunde konnte er die Situation noch gar nicht fassen und musste sich immer wieder klar machen, dass alles um ihn herum nackte Realität und kein frommes Wunschdenken mehr war. Er kam sich vor, als hätte ihn Gott selber die ganze Zeit geführt und er lediglich als Werkzeug funktioniert. Das Gelingen eines solches Unternehmens, das sich ja nur hatte *simulieren* und keineswegs unter Realbedingungen praktisch durchspielen lassen, war so unwahrscheinlich, wie aus einer Million Losen mit sicherem Griff das eine Gewinnlos zu „angeln". Schließlich handelte es sich um eine Kette von Ereignissen, von denen jedes einzelne unbedingt hatte gelingen *müssen*; das Versagen bei einer einzigen Aktion hätte unweigerlich das Scheitern des ganzen Vorhabens zur Folge gehabt. Alleine schon die günstige Reaktion des Lokführers beim vorletzten Schritt des Unternehmens, der tatsächlich angehalten und somit das Mitfahren ermöglicht hatte, erschien jetzt fast wie ein Wunder. So etwas liegt allerdings auch zum Großteil im normalen menschlichen Verhalten begründet: Der Zugführer nähert sich einem Rotlicht und leitet instinktiv den Haltevorgang ein. Kurz vor dem Signal erkennt er trotz Nacht und Nebel die Umrisse des Signalflügels, die nicht zur Farbe des Lichts passen und somit einen Denkprozess starten, der quasi ungewohntes Neuland ist und entsprechend lange dauert. Wenn sich nun bald darauf Lichtfarbe und Flügelstellung wieder zu dem seit Jahren bekannten Schema zusammenfügen, ist die Welt in Ordnung und damit das Problem vom Tisch; der Alltag dominiert und der routinemäßige Ablauf wird fortgesetzt. So ein Verhalten erfolgt hauptsächlich unbewusst und man schiebt die Erinnerung daran eher beiseite, weil es als Störung des Gewohnheitsmäßigen empfunden wird.

Karl war von tiefer Dankbarkeit erfüllt, als er nach einem kurzen Vollbad in das noch aus sicheren Zeiten bekannte Gästezimmer einziehen konnte.

Als Herr Blünschli am nächsten Morgen noch lange vor Geschäftsöffnung seine kleine Werkstatt betrat, fand er den Stuhl am Arbeitstisch schon besetzt vor: Karl saß dort und reparierte gerade mit seinen geschickten Fingern einen Modellbagger, dessen Steuerschnüre sich hoffnungslos in die Mechanik verwickelt hatten. Der Geschäftsinhaber war fassungslos über den Fleiß seines Gastes und sagte nur: *„Meine Frau bittet zum Frühstück."*

Die Sitzordnung war wie am Vorabend und Lilo musste zur Schule, wo sie kurz vor der Oberstufe stand, die sie dann zur Matura[35] führen sollte. So kam es, dass Karl zwei vollkommen unabhängige Aufgaben erhielt: Vormittags musste er sich um die seit langem wartenden Reparaturaufträge kümmern, zu denen Herrn Blünschli oft das erforderliche technische Verständnis fehlte, die aber für den jungen Mann eine stets willkommene Herausforderung bedeuteten, der er sich immer wieder gerne stellte. Am Nachmittag half er Lilo bei der Vorbereitung auf die Abschlussprüfungen – hauptsächlich in den naturwissenschaftlichen Fächern wie Mathematik, Physik und Chemie, die für die durchaus fleißige Schülerin oft den perfekten Nulldurchblick bedeuteten. Es fiel Karl nicht schwer, sich in den Lehrplan hineinzudenken, der an den Schweizer Schulen galt. Die Formeln der Trigonometrie sowie später der Differential- und Integralrechnung glichen denen, die er noch vor ein paar Monaten selber sorgfältig seinem Gedächtnis anvertraut hatte, genau. Noch nicht einmal unter dem Regime des Nationalsozialismus war eine „Deutsche Mathematik" eingeführt worden – wahrscheinlich vor allem deshalb, weil die „Herren", die darüber zu entscheiden hatten, die entsprechenden Details in den meisten Fällen selber gar nicht begriffen. Anders sah es in Physik und Chemie aus: So ziemlich alle namhaften Naturwissenschaftler hatte man in den Lehrbüchern durch deutsche Kollegen ersetzt, so dass der Eindruck entstand, dass es jenseits der Reichsgrenzen überhaupt niemanden geben konnte, der zu wissenschaftlicher Arbeit auch nur annäherungsweise fähig war. Diese Durchforstung hatte sogar ihren Weg in die Benennungen gefun-

[35] Die „*Matura*" ist die Form des Abiturs in der Schweiz.

den, die auf gar keinen Fall Abkürzungen irgendwelcher französischer oder englischer Namen sein durften. Sah man über diesen haarsträubenden Schwachsinn hinweg, der die Naturwissenschaften von allen internationalen Kooperationen und damit auch von jedem Erfahrungsaustausch abkapselte, der für die Weiterentwicklung unverzichtbar ist, stellten sich für das „Ausland" dieselben Gedankengebilde heraus, wie sie im „Reich" galten: Die Erdanziehungskraft wirkte auch in der Schweiz in Richtung auf den Erdmittelpunkt und Säuren waren auch in Schweizer Labors Protonendonatoren[36]. Im Deutschen Reich hatte sich der braune Saft auch über die Wissenschaft ergossen, was große „Vereinfachungen" mit sich brachte: Die Ergebnisse von Studien und Forschungsprojekten wurden von der Regierung bestimmt und die Aufgabe der „Wissenschaftler" bestand nur noch darin, ihre Resultate darauf abzustimmen. So stellte man beispielsweise in dieser Zeit fest, dass die ägyptischen Pyramiden eigentlich germanischen Ursprungs seien, woraus logisch abgeleitet wurde, dass nur das Germanentum, aus dem sich die deutsche Herrenrasse natürlich ohne jeden Zweifel auf direktestem Weg entwickelt hatte, zu Werken in dieser Dimension fähig sei, was den Anspruch auf die Weltherrschaft zwangsläufig impliziere. Obwohl es zu Beginn unserer Zeitrechnung lediglich ein paar germanische Stämme gegeben hatte, was auch in den Dreißigerjahren bereits längst bekannt

---

[36] Wird ein Säuremolekül chemisch aktiv, sondert es mindestens ein Wasserstoffatom ab, von dem das Elektron zurück bleibt und folglich nur das *Proton* abgegeben wird.
„*Donator*" kommt von dem lateinischen Wort: „donare" = schenken, geben.

war, wurde die Geschichte derart umgeschrieben, dass der glorreiche Cheruskerfürst Arminius, der im Jahre 9 nach Christus als Feldherr das römische Heer im Teutoburger Wald so großartig geschlagen habe, gleichsam der Urahne der Germanen sei und natürlich ein Musterbeispiel für deren Tapferkeit, aus der sich die der Deutschen unzweifelhaft ableite. Sein germanischer Name ist zwar nicht bekannt, trotzdem etablierte sich die an seine Person angelehnte Gestalt „*Hermann der Cherusker*", die sich wieder von dem Doppelwort „*Heer-Mann*" ableitet. Noch heute gilt sein Hermannsdenkmal auf dem Teutberg nahe Detmold, das den Kriegsmann als fast 27 Meter hohe Kolossalstatue verherrlicht und somit durchaus schon als Vorläufer nationalsozialistischer Gigantomanie angesehen werden kann, als das Mekka[37] vieler unverbesserlicher Militaristen.

Karl konzentrierte sich bei der Zusammenarbeit mit Lilo auf deren Verständnislücken und versuchte, diese mit viel Geduld und großem Engagement zu schließen, was ihm auch Schritt für Schritt gelang. So schrieb er ihr für jedes Fach ein „Regelheft", das wie ein Maßkostüm auf ihren Wissens- und Verständnisstand angepasst war, wobei es genau die Punkte enthielt, die ihr noch nicht in dem Maße geläufig waren, wie es die bevorstehenden Prüfungen erforderlich machten, um genügend Sicherheitsreserve aufzubauen. Freilich saß Lilo auch bei der gemeinsamen Arbeit neben ihm und nicht gegenüber, aber es bot sich viel öfter als am Esstisch die Gelegenheit, zu ihr hinüber zu blicken und in ihr hübsches Gesicht zu sehen. Unverhofft öffnete

---

[37] Die Stadt „*Mekka*" im westlichen Saudi-Arabien mit dem Heiligtum der *Kaaba* ist der zentrale Walfahrtsort des Islams.

sich am Nachmittag die Zimmertür und Frau Blünschli erschien mit einem kleinen Tablett, auf dem sie den beiden Tee sowie köstliches Gebäck servierte. Anfangs glaubte Karl, sie wolle sich bei dieser Gelegenheit davon überzeugen, dass tatsächlich gearbeitet werde, aber dieser Verdacht zerstreute sich in der folgenden Zeit sehr schnell.

Wenn es ein Paradies auf Erden gab, musste es so aussehen, wie Karl es gerade erlebte, und er fühlte sich, als wäre jeden Tag Weihnachten. Vom Vater hatte er inzwischen ein paar Kleidungsstücke bekommen, die halbwegs passten und in die er angesichts der vortrefflichen Ernährung sicher bald hineinwachsen würde. Die Eisenbahnerbekleidung hatte Frau Blünschli gewaschen und sorgfältig aufgebügelt; vielleicht könnte Karl sie einmal im Geschäft zusammen mit der Dienstmütze tragen, um beim Verkauf von Miniatureisenbahnen noch realistischer und damit kompetenter zu erscheinen, was dem Umsatz bestimmt nicht abträglich wäre.

In den frühen Morgenstunden kümmerte er sich um die Schaufensteranlage, wechselte in den Lokomotiven die Kohlebürsten und gab ein paar Tropfen feinstes Nähmaschinenöl an alle beweglichen Teile, so dass der einst von ihm ausgetüftelte Fahrplan weiterhin Tag für Tag reibungslos ablief. Dann begab er sich in die Werkstatt und reparierte das mechanische Spielzeug der Kunden, deren experimentierfreudiger Nachwuchs die Objekte meist härter testete als die Qualitätsprüfer zuvor im Werk. Eines Tages sprach ein Stammkunde, der wohl auf gehobener Ebene eines Bankhauses arbeitete, eine große Familie zu haben schien und seine Kinderschar offenbar mit anspruchsvoller Technik eindeckte, den Geschäftsinhaber charmant an, indem er sagte: *„Der freundliche junge Mann, der mir neulich die Zusammenhänge erklärt hat, macht aber einen sehr fachkundigen Eindruck; ich wusste gar nicht, dass Sie auch noch so einen netten Sohn haben. Er war wohl für längere Zeit in Deutschland zum Erweitern seiner Kenntnisse und ist jetzt wegen der dortigen politischen Verhältnis-*

se lieber wieder zurückgekehrt." Herr Blünschli antwortete ein wenig verlegen: *„Das ist gar nicht unser Sohn.*" Seine Frau, die zufällig gerade vorbeiging, rief lachend dazwischen: *„Zurzeit noch nicht, aber wir arbeiten daran!*" Ihrem Mann war das so peinlich, dass er sich augenblicklich in die Werkstatt zurückzog. Die beiden ergänzten und verstanden sich immer großartig, aber in puncto Humor sendeten sie einfach auf unterschiedlichen Wellenlängen.

Der Höhepunkt des Tages lag am Nachmittag bei der Zusammenarbeit mit Lilo. In den Abendstunden wurden noch ein paar liegengebliebene Reparaturen erledigt, die Karl von Mal zu Mal schneller gelangen.

Sonntags ging die nun schon um eine Person gewachsene Familie gemeinsam in die Andacht und unternahm anschließend – je nach Wetterlage – einen schönen Ausflug in die nähere Umgebung, die Karl immer an die unbeschwerten Schulferien vergangener Tage erinnerte.

Was war zuhause los?

Bei all dem Glück, in dem Karl nun förmlich badete, dachte er immer wieder an seine Mutter und hoffte inständig, dass ihr keine Schwierigkeiten gemacht wurden. Besonders abends konnte er oft nicht einschlafen, denn er wusste längst, dass es in Deutschland mittlerweile die Sippenhaft gab, aufgrund derer Verwandte eines Menschen, der nicht nach der Pfeife des Regimes getanzt hatte, jederzeit festgehalten und sogar bestraft werden konnten, nur weil man des eigentlichen „Täters" nicht habhaft werden konnte. Es juckte ihn förmlich, endlich anrufen oder ihr wenigstens schreiben zu können, um ihr mitzuteilen, dass er in Sicherheit war und es ihm bestens ging. Aus Sorge um sie musste er sich dieses Verlangen versagen, denn er kannte seine Mutter: Wenn sie etwas bewegte, konnte sie nicht schweigen. Sie würde die erfreuliche Neuigkeit sofort mit der Großmutter besprechen und dann – natürlich ganz im Vertrauen – ihrer besten Freundin mitteilen; schließlich erführe es auch ebenso die zweitbeste und die Lawine wäre nicht mehr aufzuhalten. Selbst ein Brief aus der Schweiz mit dem Namen des Sohnes im Absender wäre eine Gefahr für die Empfängerin und würde vielleicht vor der Zustellung abgefangen und geöffnet, sogar wenn nur die Adresse auf dem Umschlag mit Schweizer Marke stünde. Dieser Gefahr wollte Karl seine Mutter auf keinen Fall aussetzen und so traute er sich nicht, ein Lebenszeichen von sich zu geben. Familie Blünschli verstand seine Bedenken und riet ihm unter den gegebenen Umständen ebenfalls davon ab, sich daheim zu melden, bevor der ganze Wahnsinn zu Ende sei, der sich früher oder später von selber totlaufen werde.

Was geschah in Deutschland tatsächlich? Natürlich war Karls Verschwinden nicht unbemerkt geblieben. Gleich bei der Weiterfahrt nach dem Halt wegen Fliegeralarm merkte man, dass einer fehlte. Da Karl immer schön konform mit der Menge gegrölt hatte, hielt man ihn für einen treuen Nationalsozialisten und hegte keinen Verdacht wegen vorsätzlicher Fahnenflucht. Der Kompaniechef machte seine Meldung und ein paar Wochen später fand man an der darin beschriebenen Stelle Karls Dienstmarke sowie verkohlte Reste seiner Uniformjacke. Von seinem Körper fehlte jedoch jede Spur. Die logische Erklärung für den Sachverhalt waren die Wölfe, die es in dieser Gegend durchaus schon gab und die offenbar den durch feindlichen Fliegerbeschuss gefallenen Soldaten in den Wald gezerrt und gefressen hatten, so dass der Körper nun unauffindbar sei. Die Tatsache, dass so ein Fressverhalten für diese Rudeltiere im Grunde völlig untypisch ist, kümmerte niemanden; die Akten widersprachen nicht, denn Papier ist ja bekanntlich geduldig. Für weiter gehende Untersuchungen fehlte die Zeit und Karls vorgesetzter Offizier bekam eine entsprechende Meldung, woraufhin ihm die Aufgabe zufiel, die in der Akte angeführten Verwandten – in diesem Fall nur die Mutter – darüber zu informieren, dass ihr Sohn ehrenvoll im Dienste für Führer, Volk und Vaterland gefallen sei. Man beachte die Reihenfolge! Einen amtlichen Vordruck für diese Art von Mitteilungen gab es zu dem Zeitpunkt nicht und jeder Vorgesetzte musste nach eigenem Ermessen die passenden Worte finden. Oft wurden die Umstände des Todes dabei weitgehend verharmlost; so hieß es beispielsweise nach einem Bauchschuss, der einen qualvollen Todeskampf von vielen Stunden zur Folge gehabt hatte, meist, der Angehörige sei durch einen gegnerischen Kopfschuss sofort tot gewesen. Die Zeilen an Agnes lauteten nach der förmlichen Anrede:

Ich muss Ihnen mitteilen, dass Ihr Sohn Karl auf dem Truppentransport getreu seinem geleisteten Eid für Führer, Volk und Vaterland kämpfend im feindlichen Feuer am 21. September 1941 gefallen ist. Ich teile Ihre stolze Trauer.
gez. Karl-Heinz Lugert
(vorgesetzter Offizier)

Der Brief wurde auf einfachstem Papier geschrieben und rangierte somit vom Qualitätsniveau noch unterhalb der berühmten „blauen Briefe", die Agnes niemals von Karls Schule erhalten hatte.
Als sie den aufgedruckten Absender las und mit zittrigen Händen das Schreiben aufriss, das so viel Unheil enthielt, konnte sie nicht einmal weinen. Sie wollte die soeben gelesene Information einfach nicht glauben, denn sie hatte ihren Sohn gedanklich immer begleitet und zu keiner Zeit einen Moment gespürt, zu dem er in größter Not sein musste. So klammerte sie sich an die Hoffnung, dass dieses fürchterliche Schreiben ein Irrtum sein müsse und ihr Karl in Wirklichkeit noch lebe. Hatte er nicht beim Abschied in seiner immer irgendwie optimistischen Art gesagt, dass er sich schon nicht unterkriegen lassen werde? Daran wollte sie nun glauben – um jeden Preis! Sie schickte eine Abschrift des kurzen amtlichen Schreibens an die Familie Blünschli, damit Lilo Bescheid wusste, dass es ihren Karl nun nicht mehr gab, obwohl diese Information einfach nicht in den Kopf der Mutter hinein wollte. Aus Furcht vor schrecklichen Beileidsbekundungen bat sie, man möge ihr auf die trauri-

ge Mitteilung nicht antworten. Sie ging ihrer unfrei-
willigen Dienstverpflichtung als Helferin beim Wet-
terdienst nach, nahm die bedauernden Worte der
Kollegen und Vorgesetzten entgegen und versuchte, die dunklen Tage möglichst unauffällig abzuwi-
ckeln.

Für ihren Sohn war es schon ein makaberes Gefühl, in der Handschrift seiner Mutter die Mitteilung
vom eigenen Tod in den Händen zu halten, aber
ihn erfüllte sie doch mit einer gewissen Erleichte-
rung: Somit suchte niemand nach ihm und Agnes
war vor einem Verfahren im Rahmen der Sippenhaft sicher. Wie gerne hätte er sie jetzt über den
wirklichen Sachverhalt aufgeklärt, aber die Vernunft und die Sorge um sie dominierten. Auch Herr
Blünschli bestärkte ihn in der Entscheidung, vorerst keinen Kontakt mit seiner früheren Heimat auf-
zunehmen.

Aufbaujahre und Weg in den Untergang

Karl versuchte, die ihm zuteil gewordenen Chancen nach allen Kräften zu rechtfertigen und zu nutzen. Mittlerweile prangte am Schaufenster auch ein Schild mit der Aufschrift

Fachgerechte Ausführung aller Reparaturen an mechanischem Spielzeug

und der junge Mechaniker brauchte sich über mangelnde Nachfrage nicht zu beklagen. So spielte er dem Geschäft reichlichen Umsatz ein, der indirekt auch den Verkauf von Neuwaren weiter ankurbelte. Nebenbei ließ er sich von Frau Blünschli in die Geheimnisse der Buchführung einweisen und steuerte oftmals auch praktische Ideen zur Verbesserung der unternehmerischen Position der Firma bei. Immer häufiger vertraute ihm der Vater die gesamte Verantwortung seines Geschäfts an und Karl nahm über die Jahre allmählich die Position eines Prokuristen ein, der im Einkauf, der Sortimentplanung sowie der Abwicklung sämtlicher Bereiche bewandert war. Lilos Matura gelang dank seiner engagierten Unterstützung mit vollem Erfolg und diese hatte ihr Zusammenhänge eröffnet, von denen sie früher nie zu hoffen gewagt hätte, sie jemals verstehen und selbständig anwenden zu können. Nun konnte sie sich mit einem guten Schulabschluss auf höchstem Niveau erleichtert um das Erlernen ihres Traumberufs kümmern, indem sie fleißig ihre Lehre als Buchhändlerin durchzog. Von den geschäftlichen Zusammenhängen hatte sie im elterlichen Betrieb genug mitbekommen und Lesen war schon als Kind ihre Leidenschaft gewesen.

Die Liebe zu Karl, die bereits mit neun Jahren erwacht war und sich im Laufe der Zeit immer weiter verfestigt hatte, blühte, wurde allerdings von den moralischen Wertvorstellen der Zeit in ihrem Rahmen gehalten, was die beiden jungen Menschen auch als gleichsam gegebene Regel voll und ganz akzeptierten.

Eines Abends rief der Vater Karl mit den Worten *„Bübli, hast du einmal kurz Zeit?"* in sein Zimmer. Die Anrede war immer noch die aus der Kindheit, als er mit einem Dreizehnjährigen sprach, der sich brennend für die Eisenbahn im Schaufenster interessierte. So etwas setzt sich manchmal fest – wie bei einer Großmutter, die ihren Enkel, der sie mittlerweile um fast zwei Köpfe überragt, immer noch mit *„Kleinerchen"* anredet. Karl war darüber keinesfalls böse, sondern akzeptierte alles wie eine der Regeln, die zu seinem jetzigen Leben gehörten, das ihm schon so viel Glück beschert hatte. Herr Blünschli sagte nur ganz sachlich wie in einem Geschäftsgespräch: *„Schau, was Du bei mir leistest und was ich dir somit verdanke, ist mir die ganze Zeit nicht entgangen. Das alles ist bei weitem nicht mit Kost und Logie abgegolten. Du hast nie danach gefragt, weil Du dazu viel zu bescheiden und anständig bist. Ich habe dir somit für die Zeit, die Du jetzt in meinem Unternehmen tätig bist, ein entsprechendes Gehalt ausgerechnet und auf ein Sparbuch eingezahlt, das auf deinen Namen lautet. Die Zinsen kamen regelmäßig hinzu. Du genießt mein volles Vertrauen und ich hoffe natürlich, dass Du uns noch lange als Partner erhalten bleiben wirst."*

Karl war so verblüfft, dass er kaum wusste, was er sagen sollte. Er hatte wirklich nie daran gedacht, dass er für seine Arbeit Lohn erhalten müsse, denn ihm schwebte immer wieder vor Augen, welcher Katastrophe er entronnen war und wie dankbar er sein konnte, bei dieser Familie Unterkunft und Arbeit gefunden zu haben. Dabei durfte er einer Tätigkeit nachgehen, die ihm wirklich Spaß machte und ihn Schritt für Schritt in immer weitere Dimensionen führte, wobei er zudem Dinge lernte, für die sich sonst kaum je eine Gelegenheit gefunden hätte, sie sich anzueignen. Im Bereich der Reparaturarbeiten war er seinem Lehrherrn mittlerweile um Grade überlegen und übernahm zuversichtlich manchen Kundenauftrag, an den sich der Geschäftsinhaber selbst nie herangewagt hätte. Nach zähem Grübeln und Hineinfinden in das jeweilige Problem ließ sich auch immer ein Weg finden, das gute Stück Technik zu retten und den Auftraggeber mit den wiederbelebten Funktionen zu erfreuen; das Zeitalter der Wegwerfgesellschaft hatte noch nicht begonnen. Karl antwortete nur: *„Aber Herr Blünschli, ich weiß gar nicht, wie ich Ihnen danken soll. Ich arbeite doch gerne hier und werde es Ihrer Familie nie vergessen, wie herzlich ich damals aufgenommen wurde."*

Im gar nicht so fernen Deutschland wurde die Situation dagegen immer düsterer: Der Feldzug in die Sowjetunion, für den Karl 1941 mit eingeplant gewesen war – sofern man bei dieser verbrecherischen Unternehmung überhaupt von einem auch nur halbwegs überdachten „Plan" sprechen konnte – war gegen Ende des Jahres vor Moskau zum Erliegen gekommen und dann, als wäre nichts gewesen, im Frühjahr 1942 mit „frischen" Soldaten in eine etwas andere Richtung fortgesetzt worden. Als hätte man aus den Niederlagen des Vorjahres überhaupt nichts gelernt, war auch der zweite Vorstoß gescheitert – diesmal in Stalingrad – und zwar keineswegs durch die Einwirkungen des harten Winters, dessen Kälte sich schließlich auf beiden Seiten der Front nicht unterschied. So war nicht nur unglaubliches Unheil angerichtet worden, sondern die Aggressoren, die sich noch kurz zuvor als die unbestrittenen Herren der ganzen Welt gefühlt hatten, lagen hilflos am Boden. Das militärische Schicksal für Deutschland war somit Anfang 1943 entschieden, aber anstatt nun zu versuchen, noch einigermaßen akzeptable Friedensbedingungen auszuhandeln, lautete die Devise des „Führers" lediglich *„Sieg oder Untergang"*. Da an ein Siegen noch nicht einmal die eingefleischten Berufshaudegen mehr glaubten, die in ihrem ganzen Leben nichts anderes gelernt hatten, als möglichst viel von den Errungenschaften anderer Menschen kaputt zu machen, blieb nur der Untergang und auf diesen steuerte das Reich zielstrebig zu. Nach der Landung der Alliierten am 6. Juni 1944 in Frankreich war das Ende schon abzusehen, aber die nur noch bei absoluter Ausschaltung des Verstandes nachvollziehbaren Durchhalteparolen schliefen nicht ein.

Am 20. Juli desselben Jahres erfolgte das letzte große Attentat auf den „größten Feldherren aller Zeiten". Initiator war Oberst Claus Schenk Graf von Stauffenberg, der – bis kurz zuvor noch selbst fest an den „Endsieg" glaubend, welcher jedoch *vor* dem Anschlag errungen werden sollte – ein Bombenattentat nach ähnlichem Muster inszenierte, wie es der Schreiner Georg Elser bereits fast fünf Jahre zuvor versucht hatte, nachdem ihm bewusst geworden war, worauf das Regime hinsteuerte; ein militärisch programmiertes Gehirn arbeitet eben langsamer als das nie durch die Militärakademie verdummte eines Mannes der Praxis. Das Unternehmen scheiterte wie die 17 anderen nachweisbaren Versuche, die bereits vorausgegangen waren. Stauffenberg hatte im Gegensatz zu Elser die Chance, direkt neben Hitler zu stehen und hätte die Angelegenheit somit zielgenau mit einem Schuss aus seiner Dienstwaffe erledigen können; dazu war er allerdings zu feige und nahm stattdessen billigend in Kauf, dass auch eine unkalkulierbare Anzahl anderer Personen gleichsam als Kollateralschaden mit umkommen konnte; vier Leute starben tatsächlich und weit mehr wurden leicht (darunter auch Hitler selbst), neun dagegen schwer verletzt. Diese „Kleinigkeit" hatte auch Elser nicht gestört; bei seinem Anschlag waren schließlich acht Personen getötet, 47 leicht und 16 schwer verletzt worden – unter diesen auch eine Kellnerin, die mit dem zu beseitigenden Diktator nun wirklich nichts zu tun hatte.

Als mit Hitlers Selbstmord am 30. April 1945 endlich die Kapitulation eingeläutet wurde, zu deren Verkündung es dann am 8. Mai kam, war die braune Pest offiziell von der Bühne verschwunden.

Agnes sowie ihre Mutter hatten die ganze Zeit einigermaßen glimpflich überstanden, denn die Häuser, in denen sie wohnten, waren vom Bombenhagel verschont geblieben. Auch die Nahrungsversorgung war nicht völlig zum Erliegen gekommen. Kurioserweise wurde diese erst nach dem Zusammenbruch wirklich kritisch und die Lebensmittelkarten für die nicht oder nicht mehr arbeitenden Bürger fielen derart mager aus, dass viele tatsächlich an Unterernährung starben, obwohl der Krieg selbst überstanden war.

Wie zwei Welten

Nach dem Untergang des Deutschen Reichs, das gemäß der mittlerweile verblassten Propaganda eigentlich 1000 Jahre hätte dauern sollen und binnen eines Jahrzehnts ganz Europa an die Grenzen des Existenzminimums geführt hatte, versuchte man, sich nach Kräften „über Wasser" zu halten. Der Bombenterror war zu Ende, die Versorgungslage für die meisten sehr schlecht und in Nürnberg begannen die Siegermächte in groß angelegten Prozessen, mit denen abzurechnen, die für all das Schlimme verantwortlich waren und sich nicht durch feigen Selbstmord mittels der in den letzten Monaten ständig mitgeführten Cyankalikapseln den Folgen der aufgeladenen Schuld entzogen hatten.

Bei Familie Blünschli war dagegen alles harmonisch aufwärts gegangen: Karl und Lilo hatten im kleinen Familienkreis geheiratet und waren in die ausgebaute Dachwohnung über dem Geschäft gezogen. Bei den Arbeiten hatten die beiden Männer kräftig mit angepackt und so das mühsam angehäufte Kapital nur wenig antasten müssen. Karl genoss das volle Vertrauen seines Schwiegervaters, hatte inzwischen den Führerschein gemacht und führte das Geschäft weitgehend selbständig. Zur Sicherheit besaß er nun die Schweizer Staatsbürgerschaft, weil man nicht wissen konnte, wie stark die alten Machtverhältnisse in Deutschland noch nachwirken würden; als Schweizer Bürger war er doch ein wenig sicherer gegen Nachstellungen aus der alten Heimat wegen der selbständigen Beendigung seiner Truppenzugehörigkeit vor nunmehr fast fünf Jahren. Trotzdem sprach er sämtliche wichtigen Entscheidungen mit seinem Schwiegervater ab und war froh, von dessen langjähriger Erfahrung profitieren zu können.

Als sich die Meldungen über eine allmähliche Normalisierung im Nachbarland Deutschland verdichteten, wurde der innere Druck bei Karl immer stärker, nun endlich seiner Mutter ein Lebenszeichen zu geben; nach allem, was geschehen war, konnte er ja nicht einmal sicher sein, ob sie überhaupt noch lebte, und das Schicksal seiner Großmutter war ebenso ungewiss. Da Deutschland nun von den vier Besatzungsmächten[38] provisorisch regiert wurde und die Gesetzesregelungen des Dritten Reichs keinerlei Gültigkeit mehr besaßen, schrieb er in Absprache mit Familie Blünschli den Brief nach Hause, den er im Geiste bereits hunderte von Malen verfasst hatte:

Liebe Mutti,

ich lebe noch und es geht mir besser, als ich es mir je hätte erträumen können. Während ich diese Zeilen schreibe, erinnere ich mich wohl daran, dass man einen Brief nicht mit dem Wort „ich" beginnen soll, was Du mir während der Schulzeit beibrachtest, aber in diesem Fall kann ich nicht anders. Um es kurz zu machen: Ich bin damals, als wir uns im Sommer 1941 voneinander verabschieden mussten, gar nicht bis nach Russland mit gefahren, denn es reichte mir bereits lange vorher.

[38] Die *„vier Besatzungsmächte"* waren die Siegermächte, die den Zweiten Weltkrieg beendet hatten:
die Amerikaner im Süden,
die Russen im Osten (Gebiet der späteren DDR),
die Engländer im Norden und
die Franzosen im Westen

So stieg ich bei passender Gelegenheit um und fuhr über Stuttgart schließlich zu unserem alten Ferienort, wo wir Vati damals auf seinem Arbeitsurlaub begleiteten und uns prächtig erholten. Die Deutsche Reichsbahn war so freundlich, mich zu dieser Fahrt einzuladen, wenn auch in einer etwas eingeschränkten Komfortklasse. Weitere Einzelheiten und wie ich ohne Reisepass über die Grenze in die Schweiz gelangt bin, erzähle ich dir später. Familie Blünschli hat mich aufgenommen, als hätte ich von Anfang an dazu gehört. Seit einem halben Jahr bin ich verheiratet. Mit wem, wirst Du natürlich nie erraten… Wie mir Lilo neulich sagte, dürften wir in ein paar Monaten sogar schon zu dritt sein und dann eine richtige kleine Familie bilden. Beruflich geht bis jetzt ebenfalls alles bestens und ich habe dank des Vertrauens meines Schwiegervaters die Geschäftsführung seines Unternehmens übernommen, was mich sehr ausfüllt. Ich bin jetzt für das Warensortiment, den Einkauf und die Werbung einschließlich der Gestaltung unseres Schaufensters zuständig. In den frühen Morgen- und späten Abendstunden führe ich die Reparaturen an den Kundenartikeln durch, was uns ein ganz gutes zweites geschäftliches Standbein gesichert hat. Vater erledigt dagegen die detaillierte und vorbildgetreue Ausarbeitung der Modelllandschaften – im Schaufenster sowie in einigen kleinen Vitrinen, wo wir unterschiedliche Motive nachgebaut haben, die meist auch mit technischen Funktionen versehen sind, was nun wieder in meinen Aufgabenbereich fällt.

Ich hoffe, Du kannst es verstehen, dass ich mich erst jetzt wieder bei dir melde. Ich wollte dich einfach nicht in Gefahr bringen, denn ein Brief mit meinem Namen auf dem Absender oder auch nur

Post aus der Schweiz hätte möglicherweise die all-
gegenwärtigen Spitzel aufmerksam gemacht.
Dann wären übelste Verhöre mit unabsehbaren
Folgen auf dich eingeprasselt. Ich hoffe, Du hast
für meine Vorsicht Verständnis. Auch ich wäre in
Gefahr gewesen, denn man hätte selbst in die
neutrale Schweiz Greifkommandos schicken kön-
nen, um mich zu holen und einem militärischen
Standgericht zu übergeben.
Nun schreibe ich die ganze Zeit von mir und weiß
überhaupt nicht, wie es dir eigentlich geht. Ich hof-
fe sehr, dass Du wohlauf bist und die zurückliegen-
de Schreckenszeit soweit überstanden hast. Wie
geht es Großmutter? Lebt sie noch alleine in ihrer
kleinen Wohnung oder seid ihr zusammen gezo-
gen, um ein wenig leichter über die Runden zu
kommen? Nach dem, was man hier hört, scheint
die Not erst jetzt nach dem Zusammenbruch des
ganzen Größenwahns richtig ausgebrochen zu
sein.
Ich wünsche mir, dass wir uns bald wieder sehen,
wenn wir dich besuchen kommen. Im Sommer
werden wir das Geschäft für zwei Wochen schlie-
ßen; dann hoffe ich, es einrichten zu können. In
meinen Gedanken war ich viel öfter bei dir, als ich
es jetzt mit Worten beschreiben kann. Hast Du das
manchmal gespürt?
Viele Grüße von uns allen
dein Karl

Dem Brief wurde noch ein Hochzeitsfoto beigelegt,
dann kam er zur Post.

In Stuttgart leistete nach wie vor der alte Zustellbe-
amte seinen Dienst, den Karl bereits aus der Kindheit kannte. Er war damals für eine Einberufung
schon zu alt gewesen und somit an der „Heimat-
front" eingesetzt worden, wie es der Amtsjargon
ausdrückte; diese Tätigkeit hatte ihn auch vor dem
„*Volkssturm*" bewahrt, in den kurz vor dem Untergang noch alle verbliebenen männlichen Personen
zwischen 16 und 60 Jahren gezwungen wurden,
um die „*Wende zum Endsieg*" zu erreichen. Dieser
Herr Häberle konnte sich noch gut an Karl erinnern
und war nun zutiefst verwundert, als er einen Brief
an seine Mutter zustellen musste, der im Absender
den Namen ihres Sohnes trug. Schließlich war
auch sie eine von den vielen gewesen, denen er
ein paar Jahre zuvor die schlimme Nachricht in
dem blaugrauen Billigumschlag überbringen musste, die jedes Mal ausdrückte, dass wieder jemand
nicht mehr nach Hause kommen würde. Er war so
irritiert, dass er die Postsendung nicht in den Kas-
ten warf, sondern klingelte und sie persönlich ab-
gab: Er sagte vorsichtig: „*Ich habe hier etwas für
Sie. Es kommt aus der Schweiz und Ihr Karl steht
auf dem Absender.*" Weiter kam er nicht. Dann
brach die durch den allgemeinen Mangel etwas äl-
ter wirkende Frau in Tränen aus – in Freudenträ-
nen: „*Ich habe es die ganze Zeit geahnt: Mein Karl
lebt! Er wollte sich von diesem Mörderpack nicht
unterkriegen lassen; das hat er mir damals beim
Abschied fest versprochen!*"

Im Sommer des Jahres 1946 kam es dann zu der geplanten Urlaubsfahrt – diesmal von der Schweiz nach Deutschland. Als Fahrzeug diente der bereits betagte Mercedes 170 V des Herrn Blünschli, weil das Auto für die vielen Dinge, die man Mutter und Großmutter mitbringen wollte, einfach praktischer erschien als die noch nicht wieder ganz zuverlässige Bahn. Auf der Fahrt wechselten sich Karl und Vater Blünschli immer wieder ab, denn es musste oft improvisiert werden: Die Beschilderung war nach der Landesgrenze allenfalls mäßig und manche Wege konnten nur im Schritttempo bewältigt werden. Die deutschen Straßen präsentierten sich in einem wirklich katastrophalen Zustand. Manchmal musste man sogar aussteigen und bei einer größeren Unebenheit zuerst überprüfen, ob diese für den Wagen überhaupt zumutbar erschien oder ob er irgendwo aufsetzen und dann festhängen könnte. Die Fahrt konnte gar nicht an einem einzigen Tag bewältigt werden und so musste eine Übernachtung in einem romantischen Dorf eingeplant werden; die dortigen Verhältnisse und die herzliche Aufnahme erinnerten Karl an seine kurze Zeit auf dem Bauernhof, wo er damals die Erfindung zur Einsatzreife perfektioniert hatte; diese Bauersleute wollte er unbedingt wieder einmal aufsuchen und sich noch nachträglich für seinen abrupten Aufbruch entschuldigen, was dann ein paar Wochen später auch umgesetzt wurde.

Alle vier – eigentlich ja schon fünf – waren ziemlich erschöpft, als sie am späten Nachmittag des zweiten Reisetages in Stuttgart ankamen. Wie Karl in die ihm seit der Kindheit bekannte Straße einbog, war sonst kein einziges Auto zu sehen. Parkplatzprobleme gab es somit nicht. Alles wirkte grau und trostlos, obwohl der Sommer bei der spärlichen

Vegetation seine grünen Blätter herausgeschickt hatte. Viele Vorgärten, die früher vor Blumenpracht nur so strotzten, waren zu kleinen Nutzgärten umfunktioniert worden, damit man sich so die wichtigsten Nahrungsmittel selbst anbauen konnte. Karls Mutter hatte die Ankunft bestimmt schon gehört und sprang die Treppen herunter – noch bevor alle vier Türen des Wagens geöffnet waren.

Nach der innigen Begrüßung gab es dann in der Wohnung Kaffee und Kuchen – oder eben die Improvisation, zu der einen die Zeit zwang. Dort saß man nun in fröhlicher Runde beieinander. Frau Blünschli wie Lilo waren aus dem Modehaus, in dem Karls Mutter damals so lange verweilt hatte, bestens eingekleidet, aber auch Agnes sah man die Not kaum an. Sie besaß die Fähigkeit, fast aus nichts immer noch etwas Brauchbares zu zaubern. Sogar eines ihrer vielen Ohrgehänge sowie rote Lippen trug sie schon wieder – wie immer sie das angestellt haben mochte in einer Zeit, in der man kaum ein Stück Seife bekam. Während der zwölf Jahre andauernden Schreckensregierung hatte es ja immer wieder geheißen: *„Die deutsche Frau schminkt sich nicht."* Wie vieles andere, besaß auch so eine „Verordnung" für die Frauen der Nazigrößen wohl keine Gültigkeit, aber diese Zeit war nun ein für allemal vorbei. Die Keime für das Aufwärtsgehen lagen in der Erde, die Knospen ließen etwas auf sich warten und an die Früchte war noch nicht zu denken. Der Abend wurde lang und ausgelassen. Agnes konnte die Geschichte von Karls Reise über die Grenze gar nicht oft genug hören und schien sich plötzlich sogar für die Grundlagen der Elektrotechnik zu interessieren. Sie sagte immer wieder: *„Unser Vater wäre ebenso stolz auf dich wie ich, wenn er das noch mitbekommen hätte."*

Als Lilo kurz vor dem Zubettgehen einmal mit Agnes alleine im Zimmer war, ging sie auf ihre Schwiegermutter zu, umarmte sie zärtlich und sagte nur „*Danke!*" Agnes fragte, was sie denn meine; die Unterkunft, die sie bieten könne, sei doch nun wirklich eher bescheiden. Lilo entgegnete nur: „*Für das Beste, das ich je bekommen konnte – deinen Karl!*" Dieser empfand ganz ähnlich, konnte sich allerdings nicht so offen mitteilen. Lilo und Agnes sollten sich auch in der kommenden Zeit gut verstehen und zeigten damit, dass es zwischen Mutter und Schwiegertochter keineswegs permanent Spannungen geben oder zumindest durch ständige kleine Nadelstiche empfindlich knistern muss.

Schlimmes Erwachen

In Deutschland war die Schwarzmarktzeit angebrochen und es hatte sich ein eigenartiger Zwischenzustand etabliert, in dem *„jeder sich selbst der Nächste"* war und man *„in schweren Zeiten zusammenhalten"* musste. Manchmal dominierte die eine, dann wieder die andere Richtung. Als Herr Blünschli am nächsten Morgen nach seinem Wagen sah, musste er mit Schrecken feststellen, dass jemand ihm die Scheinwerfer abgeschraubt hatte. Ein Auto mit Schweizer Kennzeichen schien der Inbegriff des Wohlstands zu sein, von dem man sich mit Fug und Recht *„seine Scheibe abschneiden"* durfte, sobald sich die Gelegenheit dazu bot. Die Beziehungen zum Autowerk und Erwins guter Name, an den sich dort viele noch erinnerten, führten dazu, dass sich wieder zwei Scheinwerfer finden ließen, die Karl dann ohne Schwierigkeiten anschraubte – in die Kotflügel integriert waren sie bei diesem Modell noch nicht. Nun wollte man den Wagen natürlich nicht mehr aus den Augen lassen und mietete für die Zeit des Besuchs in der näheren Umgebung eine Garage an, die frei war und lediglich einiges Gerümpel enthielt, das sich platzsparend an der Wand auftürmen ließ. Von dem Auto, das früher darin „gewohnt" hatte, war nur noch ein hastig ausgefüllter Beschlagnahmungsschein übrig geblieben, der in einer Dokumentenmappe vor sich hin schlummerte und einst dazu bestimmt war, nach dem „Endsieg" den Rechtsanspruch auf gleichwertigen Ersatz zu beweisen.
Wie es Karl geahnt hatte, wusste bereits das ganze Viertel von seiner gesunden Heimkehr. Unter den Nachbarinnen waren allerdings auch solche, die ihm den beherzten Zugriff beim Besuch des

Maulwurfs in der Gartenanlage noch nicht verziehen hatten, obwohl Karl damals ja erst elf Jahre alt gewesen war. So kam es, dass er plötzlich im Treppenhaus unerwartet scharf angefahren wurde: *„Da haben wir ihn ja, den Fahnenflüchtigen, der sich feige vor der Pflicht gegenüber seinem Vaterland gedrückt hat, während andere in der Ferne geblieben sind. Jetzt, wo nichts mehr zu befürchten ist, willst Du wohl wieder hier aufgenommen werden – was? Für solche kriminellen Kreaturen ist bei uns aber kein Platz!"* Karl wusste zunächst gar nicht, wer ihn da mit so „liebevollen" Worten bedachte. Als er sich umdrehte, sah er nur eine gealterte Frau mit Lockenwicklern auf dem Kopf und einer schmutzigen Kittelschürze, die ihre besten Tage bereits hinter sich hatte. Er verspürte wirklich keine Lust, sich jetzt auf eine Diskussion über Sinn und Unsinn eines Angriffskriegs einzulassen, und sagte nur beruhigend: *„Sein Sie froh, dass Sie den ganzen Irrsinn überlebt haben und noch gesund hier wohnen können!"* – *„Irrsinn? Wie redest Du eigentlich über das, was deine Kameraden geleistet haben? Sowas wie Du gehört sofort an die Wand gestellt und erschossen! Der Vaterlandsverrat scheint bei eurem Pack ja in der Familie zu liegen, denn Deine Mutter dürfte jetzt auch schon so ein mieses Amiliebchen[39] geworden sein."* Er hörte sie noch keifen, als er schon längst wieder in der

---

[39] Wahrscheinlich war das eine bösartige Anspielung auf die roten Lippen, die Agnes angesichts der Wiedersehensfeier trug. Dies gehörte zur amerikanischen Mode und wer als Deutsche so etwas machte, bekam schnell die Vorverurteilung zu spüren, mit der amerikanischen Besatzungsmacht zusammenzuarbeiten oder mit einem Amerikaner befreundet zu sein, um dadurch materielle Vorteile zu erzielen.

Wohnung war, und spürte, dass sich offenbar nicht jeder mit ihm darüber freute, dass sein Schutzengel nie von seiner Seite gewichen war.

Ein paar Tage später musste er noch einmal ein ähnliches Erlebnis über sich ergehen lassen: Die Familie einschließlich der Großmutter ging nach dem den Umständen entsprechend bescheidenen Abendbrot noch eine Runde zusammen spazieren, als plötzlich zwei Männer in Karls Alter aus dem spärlichen Gebüsch traten und sich ihm in den Weg stellten. Der eine brüllte: *„Du warst doch damals zusammen mit mir eingezogen. Wir haben die Grundausbildung miteinander gemacht und dann bist Du abgehauen, als Du die Hosen voll hattest, hast dich in der Schweiz vollgefressen, während wir im Dreck gelegen sind."* Vielleicht war Agnes in ihrer Gesprächigkeit schon ein bisschen zu weit gegangen. Der andere machte Anstalten, sich gleich auf Karl zu stürzen. Nur mit Glück gelang es diesem, den Angriff abzuwehren, denn er spürte, dass es seinem Gegner Schwierigkeiten bereitete, den rechten Arm zu heben, während der, der gesprochen hatte, sein linkes Bein leicht hinter sich herzog, wenn er ging. Jetzt musste Karl etwas von dem anwenden, was er damals bei der Kurzausbildung zum Mörder gelernt hatte: *„Nie Skrupel zeigen und zuschlagen, bevor der andere das tut, denn der nimmt bestimmt keine Rücksicht."* Karl versuchte sein Bestes, obwohl er nicht den Überraschungsvorteil der anderen nutzen konnte und sich von dieser Art Kommunikation innerlich meilenweit entfernt fühlte. Allerdings waren beide Gegner mit ein paar wahrscheinlich lebenslangen Andenken an die ach so schönen Heldenzeiten ein wenig lädiert und damit in den Reaktionen um den entscheidenden Sekundenbruchteil zu langsam.

Es war Karl zuwider, sich mit einem ehemaligen Leidensgefährten anzulegen – und noch dazu auf primitivstem, rein körperlichem Niveau. Er sah in das von Hass und Missgunst verzerrte Gesicht seines Gegenübers, das wohl gerade dabei war, auf Karls Person sein neues Feindbild zu projizieren, das ein militärisch verbildetes Individuum offenbar immer braucht, um seine sonst kaum erreichbare Selbstbestätigung zu bekommen. Eine Chance zur besonnenen Konfliktentschärfung konnte man nicht einmal erahnen, auch Flucht kam nicht infrage, denn der Angreifer war schließlich bloß am Arm verletzt.

Noch einen Moment zögerte Karl nach all diesen Gedanken, die binnen einer knappen Sekunde durch sein Gehirn gejagt waren, dann schlug er zu, wie man es ihm damals unter lautem Gebrüll eingebläut hatte, und zwar gegen seinen eigenen früheren Kameraden, der es aber offenbar nicht anders haben wollte. Er zielte einmal auf den Oberarm und hoffte, die noch nicht ausgeheilte Verletzung zu treffen. Der unmittelbar danach ausgeführte zweite Schlag landete im Gesicht des Angreifers; mit dem rechten Fuß verhinderte Karl dessen Schritt zurück, so dass sein Gegner stolperte und weich in den schlammigen Boden fiel. Nun lag er wieder einmal im Schmutz, aber es war ja jetzt „deutscher Dreck". Den anderen visierte der zunächst Überrumpelte an wie ein Dompteur den wilden Tiger und tat, als ob er ihm im nächsten Augenblick gegen den offensichtlich verletzten linken Oberschenkel treten wollte; diese Geste reichte völlig aus und der Gegner machte sich davon. Dem noch liegenden reichte Karl die Hand, die aber nicht angenommen wurde. Er selbst entdeckte Blut an seinen Fingern, spürte jedoch keinen

Schmerz. Als er sich daheim die Hände wusch, war klar, dass es aus der Nase des anderen stammen musste. Sein schöner dunkelblauer Anzug hatte zum Glück nichts abbekommen, nur die Krawatte war leicht verrutscht.

Karl musste den ganzen Abend darüber nachdenken, was er eigentlich falsch gemacht hatte, dass ihm ein solcher Hass entgegen drang. War das nur der Neid auf die größere Sicherheit und das bessere Leben, das er sich ausgesucht hatte? Gab es so etwas wie Solidarität, die er seinen gleichalterigen Leidensgefährten schuldete? Im Grunde sind solche Gedanken unsinnig, denn es wird beispielsweise kein Bergwerksbetreiber auf die Idee kommen, in die Buchhaltungsabteilung regelmäßig Kohlenstaub einblasen zu lassen – aus Solidarität zu den unter Tage arbeitenden Kollegen; auch kann man niemandem vorwerfen, er habe sich vor einer Erkältung „heimtückisch gedrückt", wenn er sich bei Zeiten einen Mantel überzieht – vorausgesetzt natürlich, so ein Kleidungsstück steht zur Verfügung – während ein anderer daran zu spät denkt und dann unter den Folgen leiden muss. Karl hatte damals seinen Vorteil gesucht und mit viel Geschick und Mut sowie vor allem mit Gottes Hilfe auch gefunden. Ihm wurde jetzt vorgeworfen, seinerzeit feige gewesen zu sein, aber er war lediglich kein Mitläufer, sondern hatte rechtzeitig erkannt, für sein Tun selber verantwortlich zu sein – gegenüber Gott, seinen Mitmenschen und schließlich sich selbst. Hier passen die Worte des Philosophen Richard Fuller[40], der einmal sagte: „*Viele wä-*

[40] Richard Buckminster Fuller (☼ 1895, † 1983) war ein amerikanischer Architekt, Konstrukteur, Visionär, Designer, Philosoph und Schriftsteller.

ren Feiglinge, wenn sie ausreichend Mut hätten." Wem hätte Karl auch genützt, wenn er solidarisch zu den Kameraden weiter mitgefahren und möglicherweise nicht mehr zurückgekehrt wäre? Wie er es auch drehte und wendete, kam er immer wieder zu der Erkenntnis, dass er sofort wieder in gleicher Weise handeln würde, wenn ihn die Situation noch einmal dazu zwänge, wozu es hoffentlich nie wieder kommen werde. Er hatte schließlich ein gutes Gewissen, denn durch ihn war es in der Sowjetunion zu keinem von der deutschen Wehrmacht verübten Verbrechen gekommen – weder direkt noch indirekt, denn er war ja überhaupt nicht dabei gewesen! Hatte er es durch seine Abwesenheit irgendeinem seiner Kameraden schwerer gemacht? Auch diese Frage konnte er klar verneinen, denn er hatte durch seine Untätigkeit lediglich den Hass des Gegners nicht zusätzlich angeheizt und somit seinen Leidensgefährten auf deutscher Seite noch eher einen Dienst erwiesen – natürlich nur mit seinem winzig kleinen Anteil. Die Gesamtsituation wäre also durch ein Mitmachen von seiner Seite nicht spürbar zu beeinflussen gewesen, aber für ihn hätte es mit relativ hoher Wahrscheinlichkeit den frühen Tod bedeutet, denn schließlich sind von der viertel Million deutscher Kämpfer, die mit dem Ziel losgezogen waren, Stalingrad ihrem „Führer" zu schenken, gerade einmal 6000 lebend zurückgekehrt und diese waren dann teilweise so geschwächt, dass sich ihre Lebenserwartung durch die Verwundungen und Strapazen meist drastisch verkürzte – und wozu das Ganze? Für gar nichts außer dem unvorstellbaren Leid, das der in aller Regel vollkommen unbeteiligten Bevölkerung angetan wurde! Sollten diese beiden jungen Männer, deren Namen Karl noch nicht einmal kannte, doch heilfroh sein, mit dem Leben davon gekommen zu sein, und nun endlich versuchen, ihre noch verbliebenen Kräfte einmal sinnvoll einzusetzen! Jener Weg zurück ist allerdings meist schwerer, als man zunächst denkt. So äußerte beispielsweise ein spanischer Philosoph treffend: *„Es ist leichter, manche Zivilisten zu militarisieren, als Militärs zu zivilisieren."* Dieser mühsame Schritt war bei Karl nicht erforderlich, denn er hatte sich einer Militarisierung seiner Person rechtzeitig und erfolgreich entzogen. Die immer wieder vehement geäußerte Drohung, dass jemand, der so etwas auch nur versuche, zwangsläufig sterben müsse, hatte sich in seinem Fall nicht bewahrheitet und war zusammengebrochen wie das ganze Regime mit all seinen lebensverachtenden Grundsätzen.

Die rhetorische Frage, die Karl wiederholt gestellt wurde, lautete: *„Was wäre, wenn das alle so gemacht hätten wie Sie?"* Auch diese Fragestellung ist genauso dumm wie etwa der Vorwurf gegenüber einem Lottogewinner: *„Wenn jeder einfach nur in der Lotterie gewinnen würde, ginge niemand mehr zur Arbeit und unser ganzes Wirtschaftssystem bräche zusammen."* Da der Gewinn bekanntermaßen lediglich aus den Einlagen der anderen Spieler kommen kann, ist es rechnerisch unmöglich, dass jeder oder auch nur jeder Mitspieler gewinnt. Bei einer kriegerischen Auseinandersetzung ist es noch weitaus unwahrscheinlicher, sich erfolgreich aus dem Kriegstreiben in Sicherheit bringen zu können. Allein nach stochastischer Wahrscheinlichkeit ist es natürlich völlig ausgeschlossen, dass so etwas jedem gelingt, der zur Teilnahme gezwungen werden soll; aber den Hauch einer Chance haben prinzipiell alle – so wie ja auch alle hoffen, bei Kampfaktionen selbst nicht getroffen zu werden. Wem das gelingt, macht man schließlich später auch keine Vorwürfe. Die Formulierung *„wenn das jeder täte"* ist grundsätzlich sehr theoretisierend, denn man kann die Allgemeinheit in ihren Handlungen nur ganz bedingt synchronisieren. Somit muss in erster Linie jeder für sich selbst entscheiden, welcher Weg im Einzelfall der richtige ist, und auch der weltweit bekannte Spruch *„Stell dir vor, es ist Krieg und keiner geht hin!*[41]*"* gibt zwar sehr zu denken, weil er theoretisch vollkommen richtig ist, aber praktisch kaum realisierbar, da es immer Menschen geben wird, die sich von einer Kriegsteilnahme gewisse Vorteile oder auch nur weniger Nachteile erhoffen oder die schlichtweg zu feige sind, sich einem Verbrechen zu entziehen, auf das die Mehrheit – natürlich unter Deaktivierung der eigenen Denkfähigkeit – zu trottet. Dieser oft ins Spiel gebrachte und entsprechend strapazierte Begriff der „Feigheit" ist dabei gar nicht so leicht eindeutig dem Guten oder dem Bösen zuzuordnen, wie dies meist leichtfertig versucht wird: Sofern jemand zu einer Aktion genötigt werden soll, mit der er sich nicht identifizieren kann, ist ein Fernhalten davon, was die Initiatoren dann als „feige" diffamieren, absolut gerechtfertigt und erfordert meist sogar eine große Portion Mut; ein Mitmachen aus Angst vor einem Imageverlust in der Gruppe wäre dagegen Feigheit im negativen Sinn.

[41] Dieser mittlerweile berühmte Spruch ist die freie deutsche Übersetzung des Verses
"Sometime they'll give a war and nobody will come"
aus dem Gedicht *"The People, Yes"* (1936) des amerikanischen Pulitzer- und Grammy-Preisträgers Carl August Sandburg (☼ 1878, † 1967).

Schließlich schlief Karl einigermaßen beruhigt neben seiner Lilo ein. Er war mit sich selbst im Reinen und brauchte sich keine Vorwürfe zu machen. Er hatte in allen Punkten richtig gehandelt, niemandem geschadet und niemandem etwas weggenommen. Allerdings musste er auf der Hut sein, denn die beiden Vorfälle hatten gezeigt, dass manche Bewohner seines ehemaligen Viertels die Sache durchaus nicht so sahen wie er.

Somit war er fast froh, als er Ende der Woche den Wagen aus der angemieteten Garage holen, das Gepäck verstauen und nach einem innigen Abschied von Mutter und Großmutter mit seinen Lieben wieder abreisen konnte. Den nächsten Besuch würde Agnes unternehmen. Durch die Folgen ihrer Mitteilsamkeit hatte sich wieder einmal das alte Sprichwort bestätigt: *„Reden ist Silber, Schweigen ist Gold."*

Die Tour zurück in die Schweiz verlief ohne besondere Schwierigkeiten, da beide Automobilisten von den Erfahrungen der Hinreise profitierten.

Weit mehr als ein Anstandsbesuch

Am nächsten arbeitsfreien Sonntag unternahm Karl einen Ausflug in jenes deutsche Grenzdorf, von wo aus er damals die letzte Etappe seiner abenteuerlichen Reise in die Schweiz vorbereitet und gestartet hatte, denn er wollte unbedingt noch einmal Kontakt zu den freundlichen Bauersleuten aufnehmen, die ihm nicht nur Quartier, sondern auch die Möglichkeit gegeben hatten, sein Projekt mit wissenschaftlicher Akribie von der Idee bis zum perfekt funktionierenden Strategieschritt zu entwickeln. Er benutzte die Schweizer Eisenbahn und suchte den Hof auf, den er im Herbst 1941 ohne Abschied verlassen hatte, was ihn die ganze Zeit belastete. Die Bäuerin öffnete und erkannte den gut gekleideten jungen Mann zunächst nicht. Sie sah ihn misstrauisch an, denn es kam doch öfter vor, dass irgendwelche windigen Vertreter über Land fuhren und der Bevölkerung die eine oder andere Sache von geringer Qualität, aber umso höherem Preis aufzuschwatzen versuchten. Da nahm Karl seine frisch aufgebügelte Eisenbahnermütze, die er sich für diesen Moment eingesteckt hatte, aus der Tasche und setzte sie auf. Schlagartig verwandelte sich der forschende Blick der Landfrau in ein freudiges warmes Lächeln und sie breitete ihre Arme aus, um den Gast durch diese Geste herzlich willkommen zu heißen. Karl erklärte den Grund seines Besuchs und überreichte den mitgebrachten Blumenstrauß. Die Frau holte ihren Mann vom Feld und deckte in Windeseile den Tisch für ein gemütliches Beisammensitzen. Nachdem Karl die Einzelheiten seines damaligen Aufbruchs geschildert und sich für sein unhöfliches Handeln entschuldigt hatte, erzählte der Bauer mit nachdenklichem Gesichtsausdruck: *„Unserem lieben Neffen war das Glück leider nicht so wohl gesonnen wie Ihnen. Er musste kurz bevor Sie sich bei uns einmieteten, ebenfalls nach Russland und ist nie wieder gekommen. Obwohl ich jetzt schon so lange auf der Welt bin, war ich so dumm, dass ich ihm damals nur sagte: „Da kannst halt nix machen."* *Jetzt sehe ich, dass es doch einen Weg gegeben hätte, den von uns bloß niemand gesehen hat."* Er wischte sich zwei dicke Tränen ab und schwieg. Karl kam sich in diesem Moment fast schäbig vor – wie jemand, der bei einer Schiffskatastrophe ein kleines Rettungsfloß gefunden und sich in Sicherheit gebracht hat, während sein Partner verschollen geblieben ist. In vielen Fällen sind es neben den geknüpften Beziehungen vor allem die Bildungschancen, die einem Menschen die erforderliche Weitsicht ermöglichen, die ihn dann manchmal doch einen Weg erkennen lassen, der anderen verborgen bleibt, weil viele neben dem braven Obrigkeitsdenken einfach nicht gelernt haben, bei passender Gelegenheit den berühmten Blick über den Zaun zu wagen, dem dann der entscheidende Schritt folgt. Karl konnte so froh sein, dass in seinem Elternhaus immer offen über alle Belange gesprochen wurde, sein Vater in ihm das technische Interesse früh genug geweckt hatte und der Besuch der höheren Schule möglich gewesen war. Die Bäuerin zeigte ihm ein Foto von ihrem Neffen Alois und man sah einen jungen Mann, der gerade in fröhlicher Runde sein Bierglas erhob und anscheinend vollkommen unbekümmert auf eine lebenswerte Zukunft zusteuerte. Warum war diesem Menschen nicht auch ein glückliches Leben vergönnt? Es gab darauf keine befriedigende oder gar plausible Antwort.

Im Verlauf der Stunden sprach der alte Landwirt nicht mehr viel, bestand aber darauf, als der Zeitpunkt der Abfahrt von Karls Zug näher rückte, seinen Gast mit dem Einspänner zum Bahnhof zu bringen, wo er sich von ihm verabschiedete wie von einem Sohn, der in die Ferne ziehen muss. Karl bestieg diesmal ganz offiziell den Personenzug, winkte dem Bauern nach, der sich wieder auf seinen Kutschbock schwang, und beobachtete gespannt die Gegend in Fahrtrichtung rechts, denn er wollte wissen, ob er „sein" Signal wiedererkennen würde, das ihm die Durchfahrt zu Freiheit und Sicherheit ermöglicht hatte. Der Zug passierte zwar ein Ausfahrtssignal mit dem noch fest im Gedächtnis verankerten Steinsockel, der nun keine Spur von Moos trug, aber Eisenbahnsignale sind bekanntlich genormt und man konnte sich nicht sicher sein, ob es sich um das „richtige" handelte, zumal gar nicht klar war, ob ein Personenzug dasselbe Ausfahrtsgleis benutzte wie ein Güterzug. Auf der Fahrt staunte Karl, wie lange diese doch dauerte; die ganze Zeit hatte er sich also nur durch stetes Festhalten und Ausbalancieren seines Körpers am Leben gehalten – kaum vorzustellen! Alois war diese Chance nicht beschieden gewesen, obwohl er auf dem Bild noch weitaus sportlicher wirkte, als Karl sich fühlte, und offenbar genau in dieser Gegend aufgewachsen war. Es lässt sich nicht ergründen, warum manch einer einen Schutzengel bekommt, der gleichsam ständig über ihm schwebt, und jemand anderes, der ihn ebenso gebrauchen könnte und sicher auch nicht weniger verdient hätte, auf sich selbst gestellt bleibt und schließlich zugrundegehen muss.

Am Bahnhof schloss Lilo ihren Mann in die Arme
und die glückliche Realität hatte beide wieder um-
schlossen.

Die Freundschaft zu dem Ehepaar, das trotz fort-
geschrittenen Alters seine Landwirtschaft mit zähem Fleiß weiter betrieb und durch den Verlust
von Alois vielleicht nicht einmal mehr einen Nach-
folger in Aussicht hatte, blieb bestehen, solange
die beiden lebten.

Die weiteren Jahre zeigten unter dem Strich tief-schwarze Zahlen – nicht nur im Geschäftsbereich: Lilo brachte ein gesundes Töchterchen zur Welt, dem mit zweijährigem Abstand noch zwei Jungen folgten – Zwillinge. Dabei schaffte sie es, ihre fröh-liche und umgängliche Art zu bewahren. Karl baute das Unternehmen weiter aus und leitete schließlich noch eine Filiale im Kanton sowie eine andere in Zürich. Die Großstadt versprach deutlich mehr kaufkräftige Kunden als die Umgebung des Stammgeschäfts, denn Funktionsspielzeuge und Modellbau gehören ja nun nicht gerade zum Grundbedarf des Menschen. Die mittlerweile fünf-köpfige junge Familie wohnte längst nicht mehr in der ausgebauten Dachwohnung, sondern konnte einigermaßen günstig ein älteres Haus erwerben, das großzügige Platzverhältnisse bot und über ei-nen schönen Garten verfügte.

Große Stücke hatte Karl auf die bereits 1922 kon-zipierte und ab 1949 verfügbare Spur „H0"[42] ge-setzt, die zu Beginn der Fünfzigerjahre bei der Mo-delleisenbahn stark im Kommen war. Während das Schaufenster bei der alten Spur „0" meist nur für ein einziges Gleisoval mit ein paar Zusatzbiegun-gen ausreichte, konnte mit der kleinen Spur im Maßstab 1:87 nun auf demselben Platz ein ganzer Zugbetrieb mit großzügig angelegtem Rangier-bahnhof ablaufen. Karl war die ganze Zeit am tüf-teln, wie er einen möglichst publikumswirksamen

---

[42] „H0" bedeutet „Halb 0" und drückte aus, dass die kleine Spurweite für Modelleisenbahnen im Maßstab 1:87 mit 16,5 mm Gleisabstand nur *halb* so groß war wie die alte Spur „0" mit 32 mm und Maßstab 1:43.

und vor allem zuverlässigen Automatikbetrieb realisieren konnte. Zur Verfügung standen anfangs zwei Wechselstrom-Systeme: eine Dreileiterlösung, bei der die beiden Außenschienen elektrisch miteinander verbunden waren, wodurch Kehrschleifen und Gleisdreiecke problemlos durchfahren werden konnten, und eine andere Dreileiterversion mit voneinander isolierten Fahrschienen, bei der ohne Oberleitung die unabhängige Steuerung von zwei Zügen auf einem einzigen Gleis möglich war; das heute gängige Zweileitersystem kam erst 1952 im großen Stil auf den Markt.

Die viele Mühe zahlte sich aus und die drei Geschäfte warfen Gewinne ab, von denen man niemals zu träumen gewagt hätte. Es ist ein weit verbreiteter Irrglaube, dass in der Schweiz der Wohlstand gleichsam zu Hause sei und man dort wie von selbst reich werde. Richtig ist dagegen, dass viele Schweizer einen gut ausgeprägten Geschäftssinn haben und vor allem die Bereitschaft, präzise und engagiert zu arbeiten. In diesem Punkt musste sich Karl nicht groß umstellen, denn über solche Eigenschaften verfügte er schon als Schüler. Somit fiel es ihm auch nicht schwer, die neu angeworbenen Mitarbeiter stets freundlich und geschickt so anzusprechen, dass er seine eigene Begeisterung für die Produkte, die er vertrieb, auf sie übertragen konnte und damit die gleiche Motivation freisetzte, die ihn selbst auch immer wieder beflügelte.

Als Karls Söhne 1965 kurz vor ihrer Volljährigkeit standen, verpachtete er die drei gut gehenden Geschäfte und wanderte mit seiner Familie wieder nach Deutschland aus. Seine Schwiegereltern waren durch die Pachterträge gut versorgt und konnten ihr Leben bei bester Gesundheit weiterhin genießen; auch stellten die regelmäßigen Besuche von Stuttgart aus längst kein Problem mehr dar, denn die Straßen waren inzwischen besser, die Autos schneller und die Fahrpläne der Eisenbahn zuverlässiger geworden.

Der Grund für den einschneidenden Schritt lag tief im Inneren von Karls Seele verwurzelt: Er wollte es seinen „Nicht-mehr-Kindern" unter allen Umständen ersparen, nach ihrer Matura auf dem Kasernenhof zu landen, denn in der Schweiz wurde erst 1992 das Recht auf Kriegsdienstverweigerung eingeführt und die absurde Gewissensprüfung hielt sich sogar bis zum 1. April 2009, während in der Bundesrepublik Deutschland ein entsprechender Artikel[43] bereits seit 1949 im Grundgesetz verankert ist. Die Ursache liegt in der etwas anderen Grundeinstellung zu diesem unerfreulichen Thema, denn das Alpenland hat seit der „Schlacht bei Marignano" im Jahr 1515 bis heute seine Neutralität bewahrt und sich an keinen kriegerischen Auseinandersetzungen größeren Ausmaßes mehr beteiligt. Somit verbindet man mit dem Dienst an der Waffe dort nicht zwangsläufig einen grausamen Krieg mit all dem Unrecht, das durch deutsche Aggressionspolitik alleine im 20. Jahrhundert zweimal über die Welt gestreut wurde. In der Schweiz

[43] Nach dem Artikel 4, Absatz 3 des bundesdeutschen Grundgesetzes darf niemand „gegen sein Gewissen zum Dienst mit der Waffe gezwungen werden".

ist es sogar üblich, dass ein Soldat nach der Dienstzeit seine Uniform mit nach Hause nimmt und dort auf unbegrenzte Zeit eigenverantwortlich pflegt; selbst einige führende Positionen in der Wirtschaft sind manchmal an entsprechende rangmäßige Beförderungen im Militärdienst gekoppelt. Karl konnte sich mit vielen Gepflogenheiten in seiner Wahlheimat anfreunden, damit jedoch nicht. Seine stille Hoffnung war, dass einer seiner Söhne einmal an der Technischen Universität Stuttgart Maschinenbau studieren und damit das umsetzen würde, was einst sein Kindertraum gewesen war und das Schreckensregime des Nationalsozialismus ihm zerstört hatte. Er dachte jedoch zu keinem Zeitpunkt daran, auf seinen Nachwuchs irgendwelchen Druck auszuüben, denn er sah sich ganz bestimmt nicht als der Typ von Vater, bei dem die Kinder unbedingt das erreichen mussten, was ihm selbst versagt blieb.

Es kam dann doch anders: Seine Tochter Monika wurde eine gute Lehrerin für Deutsch und Geschichte an einem Stuttgarter Gymnasium, der (ein paar Minuten) ältere Sohn Markus studierte Jura und machte eine Anwaltskanzlei auf, die bald gut florierte, während sich Michael, der Jüngste, im kaufmännischen Bereich etablierte. Eine Kaserne mussten beide niemals von innen sehen. Ihre militärischen Laufbahnen waren jeweils nach etwa zwanzig Minuten zu Ende, als sie vor dem Prüfungsausschuss die – Mitte 1983 erfreulicherweise abgeschaffte – Gewissensprüfung zur Anerkennung als Kriegsdienstverweigerer gleich in erster Instanz bestanden. Wie man allerdings als Mensch das Gewissen eines anderen Menschen verlässlich prüfen kann, ist bis heute nicht bekannt geworden. Die sich dann an die Schule anschließende Zivildienstzeit verlief für beide konstruktiv und innerlich befriedigend im selben Kinderheim, wo sich nach getaner Arbeit stets das Gefühl einstellte, etwas wirklich Sinnvolles geleistet zu haben. Zur Aussetzung – leider noch nicht Abschaffung – der „Wehrpflicht" kam es erst 2011.

Einmal stießen Karl und Lilo bei einem Spaziergang zufällig auf einen so genannten Heldenfriedhof, auf dem – immer noch militärisch in Reih' und Glied – hunderte von exakt gleichen Kreuzen standen. Auch die Aufschriften schienen genormt zu sein, nämlich Name, Geburts- und Sterbedatum sowie der letzte Dienstgrad – und das in stets gleicher Aufteilung. Karls Gedanke dabei war, dass eine wichtige Information eigentlich noch überall fehlte, nämlich die Zahl der Gefallenen auf der gegnerischen Seite, die jeder dieser bedauernswerten jungen Menschen selber auf dem Gewissen hatte, bevor es auch ihn erwischte. Wenn man das wüsste, sollte man denjenigen, bei denen die Zahl „0" laute, ein weißes Kreuz und den anderen ein hellrotes oder auch blutrotes geben, wobei die Farbintensität proportional mit der Größe der Zahl zunehmen könnte. Solche Überlegungen tobten durch seinen Kopf, als er eines dieser gleichsam letzten Zeugnisse des ganzen Elends ausgebreitet vor sich liegen sah. Er war innerlich zutiefst dankbar dafür, dass er damals die vielen Chancen gehabt, sich all diesem Unheil rechtzeitig zu entziehen, und ihn immer im richtigen Moment auch der Mut durchströmt hatte, die sich ihm bietenden Gelegenheiten sofort in die Tat umzusetzen.

Während Großmutter bereits 1949 sanft entschlafen war und das Neuerblühen des Landes in der Zeit des anfangs kaum für möglich gehaltenen Wirtschaftswunders[44] nicht mehr miterleben durfte, behielt Karl zu seiner Mutter Agnes bis zu deren Ableben im Jahr 1981 ein herzliches und inniges Verhältnis. Seine Schwiegereltern blieben in der Schweiz und wurden beide über neunzig Jahre alt.

[44] Mit dem „Wirtschaftswunder" wird meist die Zeit zwischen 1950 und 1973 bezeichnet, in der es zu einem unerwartet zügigen Wirtschaftsaufschwung fast im ganzen westlichen Europa gekommen war. Bei näherer Betrachtung lag jedoch kein wirkliches Wunder vor, sondern es wirkten mehrere Komponenten harmonisch zusammen:

- der Marshallplan als unbürokratische Starthilfe aus Amerika (finanziert mit Reichsbankgold)
- die Soziale Marktwirtschaft als Motor für Eigenleistung, die sich für jeden Einzelnen lohnte
- der große Aufholbedarf nach dem Zweiten Weltkrieg
- die Vorbildfunktion des Wirtschaftstraumlandes Amerika
- der Importbedarf der USA an Konsumgütern während des Koreakriegs (1950 – 1953)

Ein Urlaub mit weit reichenden Folgen

Kurz nach der Zweitausendwende reiste der erfolgreiche Hamburger Geschäftsmann Gerrit Braun zwanglos durch die Schweiz, wobei er in Zürich an jenem Modellbauladen vorbei kam, den Karl einst eingerichtet hatte und der mittlerweile einen neuen Namen trug. Die sorgfältige Detailtreue war jedoch erhalten geblieben und zeigte sich in diversen Dioramen[45]. Der Besucher empfand vor der Sorgfalt, mit der alles ganz naturgetreu nachgebildet war, große Achtung, so dass er sogleich seinen Zwillingsbruder Frederik anrief und mit diesem einen mutigen Plan besprach: Er wollte die größte Modelleisenbahnanlage der Welt erschaffen – gewiss ein kühnes Unternehmen, für dessen Realisierung die Fühler zunächst vorsichtig ausgestreckt werden mussten. Erst einmal galt es, eine Art Marktforschung zu betreiben, indem durch Umfragen ermittelt wurde, ob es überhaupt genügend Interessenten gab, die bereit waren, für eine solche Dauerausstellung Eintritt zu bezahlen. Mit dem ihm eigenen Geschäftssinn ließ er die Leute ankreuzen, welche Sehenswürdigkeit sie möglicherweise nach Hamburg locken könnte; aufgeführt war unter anderem die größte Modelleisenbahnausstellung der Welt, die es zu diesem Zeitpunkt noch gar nicht gab! Erst als auffallend viele der befragten Personen genau diesen Punkt ankreuzten, fasste er Mut und gründete bereits im Jahr 2001 zusammen mit

---

[45] Ein „*Diorama*" ist ein meist sehr detailliert ausgearbeiteter Szenen- oder Landschaftsausschnitt, der manchmal auch durch technische Funktionen bereichert wird.
Das Wort kommt aus dem Altgriechischen und bedeutet dort „hindurchsehen".

seinem Bruder und zwei weiteren Geschäftspartnern das „Miniatur Wunderland[46]", das heute weltweit bekannt ist und zu den größten Attraktionen der Hansestadt gehört.

Somit haben Karls Sorgfalt und Liebe zum Detail indirekt die Entwicklung in einer Dimension ausgelöst, die ihres Gleichen gar nicht zu suchen braucht, weil sie es ohnehin nicht findet.

[46] Mit über 1300 m^2 ist diese Modelleisenbahnanlage im H0-Maßstab 1:87 derzeit tatsächlich die größte der Welt. Neben den Eisenbahnen gehören vor allem der Straßen-, Schiffs- und sogar Luftverkehr zu den Attraktionen, für die manche Besucher selbst lange Flugreisen in Kauf nehmen.

Die Anlage steht in der Speicherstadt Hamburg, erstreckt sich bereits über zwei Stockwerke und wird ständig weiter gebaut.

Der Autor

Peter Michael Wocke studierte nach dem Abitur und dem Zivildienst zunächst Elektrotechnik an der alten Technischen Universität seiner Heimatstadt München.

Während eines befristeten Vertrags am Lehrstuhl konnten die ersten beruflichen Erfahrungen vor dem Einstieg in einen global agierenden Elektrokonzern gesammelt werden, wo er schwerpunktmäßig auf dem Gebiet der Informatik im Bereich Forschung und Entwicklung arbeitete. Zu seinen Tätigkeiten gehörte immer auch die interne und externe Vermittlung von Fachwissen. Neben dem Beruf promovierte er in Maschinenbau und übernahm später Aufgaben im Management des Konzerns. In der stets knappen Freizeit fand sich schließlich noch eine Lücke für die Autorentätigkeit.

Die seit frühester Jugend immer sehr kritische Einstellung gegenüber allen Institutionen, die sich der Gewalt als Mittel zur Problemlösung verschrieben haben, führte nach den Kurzromanen *„Im Besitz der Familie"* und *„Die Zukunft des Unmöglichen"* zu dem Werk *„Eine Chance wie eins zu einer Million"*, das auf wahren Begebenheiten basierend den mit viel Glück und noch weit mehr Mut und Intelligenz beschrittenen Weg eines jungen Mannes aus einer eigentlich ausweglosen Situation beschreibt.

Zeitfracht Medien GmbH
Ferdinand-Jühlke-Straße 7
99095 Erfurt, Deutschland
produktsicherheit@kolibri360.de